信息技术应用能力提升实践指导丛书

总主编　宋海英　郑世忠

信息技术应用能力提升
与校本研修

李明宇　主编

XINXI JISHU
YINGYONG NENGLI
TISHENG YU
XIAOBEN YANXIU

东北师范大学出版社
NORTHEAST NORMAL UNIVERSITY PRESS
·长春·

图书在版编目（CIP）数据

信息技术应用能力提升与校本研修/李明宇主编. —
长春：东北师范大学出版社，2021.7
（信息技术应用能力提升实践指导丛书/宋海英，
郑世忠主编）
ISBN 978 - 7 - 5681 - 8229 - 4

Ⅰ. ①信⋯　Ⅱ. ①李⋯　Ⅲ. ①信息技术—应用—教学
研究—中小学　Ⅳ. ①G632.0-39

中国版本图书馆 CIP 数据核字（2021）第 143391 号

□责任编辑：齐　虹　曲　颖　□封面设计：方　圆
□责任校对：毕冬微　牛会玲　□责任印制：许　冰

东北师范大学出版社出版发行
长春净月经济开发区金宝街 118 号（邮政编码：130117）
电话：0431—85690289
网址：http：// www. nenup. com
东北师范大学音像出版社制版
辽宁新华印务有限公司印装
沈阳市张士经济技术开发区
中央大街六号路 14 甲－3 号（邮政编码：110021）
2021 年 7 月第 1 版　2021 年 7 月第 1 次印刷
幅面尺寸：169mm×239mm　印张：15　字数：197 千

定价：45.00 元

随着信息技术的发展，"智慧校园""数字学校"等新词汇不断涌现，这些词汇显现了当今学校有别于过去学校的特征。在信息资讯日益发达的今天，社会进入人工智能时代，物联网、云计算、大数据和人工智能等技术的运用将对教育教学产生深刻影响，信息技术发展所带来的慕课、微课、翻转课堂等教学方式不断丰富着学校教育教学的内涵，这就需要我们从另外一个视角重新思考改进原有的学校运行与管理方式、教师教学方式和学生的学习方式。"教师与学生、教育教学内容、教育或教学内容的物化形式以及其他辅助条件是教育活动的三个基本要素。"[1] 三者之间相互作用，演绎出丰富多彩的教学样态。不同历史阶段，三个基本要素的内涵也在发生着不同程度的变化，学校教育教学的内容与形式也随之发生变化。

从信息技术发展的历史视角来看，"学校的产生与文字的产生有着直接的密切联系"[2]。纸和墨的发明为活字印刷术的诞生奠定了物质基础。"印刷机出现一百多年以后，以'班级授课制'为核心的现代学校制度正式确立。"[3] 文字的出现与印刷技术的发展，使得教学内容得以物化并广泛传播，物化教学内容的出现改变了前文字时代言传身教的教学方式。由于幻灯、电影、广播

---

[1] 周润智. 教育关系：学校场域的要素、关系与结构 [J]. 教育研究，2004 (11)：15-19.

[2] 任钟印. 关于人类最早的学校产生于何时何地的一点思考 [J]. 教育研究与实验，1985 (4).

[3] 郭文革. 教育的"技术"发展史 [J]. 北京大学教育评论，2011 (07)：137-157.

和电视等电子产品的出现，纸张作为知识唯一载体的格局被打破……当今时代，教育教学内容的物化形式日趋多元，电子书包、电子课本、微课、慕课等新型数字化教学内容物不断出现；互联网接入每一所学校、每一个班级，各种信息终端设备日益普及，信息交流更加便捷……"学校将突破校园的界限，任何可以实现高质量学习的地方都是学校。"① 今天的课堂"同时并存着多个传播子系统，学生'身'的出现，已经不能保证'教与学'真的发生了"②。教学内容的物化形式及教学辅助条件的变化，对教师的教学方式，学生的学习方式以及师生之间、生生之间的交流方式产生革命性的影响，学校教育教学范式转型也成为必然。这就需要教研员、学校管理者以及教师等教育者及时转变研究问题和解决问题的视角，而不是采用"固有的""既定的""不变的"经验来开展新时期学校的教育教学。

学校的管理方式、教师的教学方式与学生的学习方式如何重构？这是时代发展给每一位教育工作者提出的崭新命题。幸运的是，2019 年，教育部颁布了《关于实施全国中小学教师信息技术应用能力提升工程 2.0 的意见》（〔教师 2019〕1 号）（以下简称"提升工程 2.0"），为范式转型提供了文件支持，并提出了实现范式转型的路径和指南。提升工程 2.0 的内涵十分丰富，明确提出"构建以校为本、基于课堂、应用驱动、注重创新、精准测评的教师信息素养发展新机制"的清晰路径，点明"整校推进服务教育教学改革"的文件主旨。

党的十八大以来，党中央国务院有关学校教育教学改革的文件密集出台，《中共中央国务院关于深化教育教学改革全面提高义务教育质量的意见》明确提出"融合运用传统与现代技术手段，重视情境教学；探索基于学科的课程综合化教学，开展研究型、项目化、合作式学习。精准分析学情，重视差异

---

① 曹培杰. 未来学校的变革路径："互联网＋教育"的定位与持续发展［J］. 教育研究，2016（10）：46-51.

② 郭文革. 教育的"技术"发展史［J］. 北京大学教育评论，2011（07）：137-157.

化教学和个别化指导"，对学校教育教学提出了更高的要求；"创新人才培养方式，推行启发式、探究式、参与式、合作式等教学方式以及走班制、选课制等教学组织模式，培养学生创新精神与实践能力"。《中国教育现代化2035》更为我们描绘了应然的教育教学路径。这就需要对传统学校的运行方式、课堂教学方式进行深刻的反思，以现代学习理论为指导，利用认知诊断、数据挖掘、学习分析等新的技术来改进教与学，探索新的课堂教学模式与学校教育教学管理方式，破解传统教学中难以解决的问题。新范式的建立，必然涉及学校制度完善、教学模式重建、校本研修深化以及教师信息化教学能力提升等诸多要素。

当前，有关信息化教学方面的理论著述很多，但是在实践层面能够指导学校开展信息时代的教育教学、指导教师开展信息化教学方面的用书较少。为解决"教育信息化最后一公里"的问题，众多学者做出了巨大的努力，贡献了大量的专业智慧。华东师范大学开放教育学院闫寒冰、魏非等学者提出"能力点"概念并制定了相应的标准，为开启以"能力点"为载体的提升工程2.0岗位培训提供了基础和保障。

在此背景下，我们依托提升工程2.0项目，依据吉林省信息化教学实践，汇聚了全省信息化教学各方面的专家学者以及近百名各学科信息化教学骨干教师的专业智慧，围绕信息化背景下教学模式构建、能力点解析、校本研修、教学改革、学校建设、课堂教学等关键点，编写了《信息技术应用能力提升与现代学校建设》《信息技术应用能力提升与学习方式变革》《信息技术应用能力提升与校本研修》《多媒体教学环境能力点深度解析》《混合学习环境能力点深度解析》《智慧教学环境能力点深度解析》这套丛书，以实践者的视角分别从学校运行机制、课堂教学等层面，用案例的方式加以阐释，以便读者更好地把握和理解。

新时代，智能化、信息化正在悄然改变着学校的运行方式、教师的教学方式和学生的学习方式，"学校革命""课堂革命"全速推进。新的时代赋予教育新的使命，也为学校教育信息化发展带来新挑战、新机遇。期待广大学校管理者、一线教师和研究工作者积极投入信息化教学变革大潮，共同开展信息化教育教学新实践，为构建信息化背景下的新型人才培养模式和教学方式而努力！

宋海英

2021 年 7 月

　　百年大计，教育为本；教育大计，教师为本。2018 年，中共中央、国务院颁布了《关于全面深化新时代教师队伍建设改革的意见》，要求"教师主动适应信息化、人工智能等新技术变革，积极有效开展教育教学"，同时要"转变培训方式，推动信息技术与教师培训的有机融合，实行线上线下相结合的混合式研修"。教育部《教育信息化 2.0 行动计划》则启动了"人工智能＋教师队伍建设行动"，推动教师更新观念，重塑角色，提升素养，增强能力。

　　面对社会大变局，我们必须有所行动。学校与教师的发展，需要一个怎样稳固的"底盘"？互联网＋时代，联通就是力量。融合线上与线下的混合式研修，将成为教师研修活动的新常态。教师要站在新时代的坐标下，积极开展实践研究，优化与变革课堂教学。

　　基于这样的思考，本书的编写，力图体现下面几个特点。

　　一是以"问题"的方式引起读者一起思考。每一章节的开始都提出若干问题，这些问题形成了一个"问题串"，试图给读者一个逻辑和思维的框架，建构多维立体的思维方式。怎么想这些问题？从哪些角度去考虑？采取什么样的方式解决？"问题串"促使大家一同思考，深度卷入，为思想赋能。

　　二是以"案例"的方式带领读者进入场景。案例是各学校在开展教育信息化行动中所产生的典型事例，具有很强的代表性。案例从本质上说，是现实与理论的有机融合。本书不是高深的理论读物，而是相对通俗的、以提供实用策略为主的实操书籍。本书探寻各地混合式校本研修真实可发生的典型案例，深入分析，盘点得失，萃取经验，使人在这些"似曾相识"的案例中，自觉进入一个特定的、真实的学习情境，在对接、融合、批判中，以微知著，交互关联，触类旁通，实现建构、拓展、创造。

三是以"拆分"的方式解读混合式研修的开展路径与方法。哲学家、物理学家笛卡尔说："将面临的所有问题尽可能地细分，细至能用最佳的方式将其解决为止。"在互联网＋的大背景下，混合式校本研修的细化和落地，成为广大教师特别关注的焦点问题。本书试图回应开展混合式校本研修的有效方式与方法，为混合式校本研修打开多元通路，与学校发展有效衔接，并形成相互支撑、彼此补充的教育形态，最终从"机械运动"走向"自主驱动"。

国将兴，必贵师而重傅。无研修不成长，无研修不发展。混合式校本研修是学校内涵发展与可持续发展的深层引领与内生变量。让我们一同出发，探索基于混合式校本研修的变革方式，聚焦研修行为，提升教师能力，重建教育生态。

本书在撰写过程中得到了很多专家的指导以及同行的帮助。娄颖（长春市南关区教师进修学校），尹艳红（长春市宽城区实验小学），周鹤（长春市宽城区台北明珠学校），高海霞（长春市宽城区长新小学），孙燕嫚（长春市经开区博远学校），薛杨、高蕊、王乙旭（吉林省教育学院）等参与了本书各章节的编写工作。东北师范大学出版社为本书的出版给予了大力支持，在此一并表示感谢！本书在撰写过程中参考和借鉴了许多专家学者的研究成果，引用了国内外多方面的案例资料，在此一并表达谢意！由于时间仓促，未能与所有作者取得联系，在此也表示歉意。

本书成稿后，邀请了多位教育理论专家、培训专家进行了仔细的审读，并提出了非常中肯的意见，在此深表谢意。由于我们在理论认识和实践水平上的局限，仓促成稿中也一定还有很多缺憾和疏漏，恳请广大读者指正。

编　者

2021 年 6 月

第一章
校本研修概述

开篇小语

　　世界各国都将教育质量放在战略发展的高度。当前，教育变革的焦点与核心已悄然发生偏移，从注重教育质量偏移到注重提高教师质量上。早在 20 世纪 30 年代，美国的巴格莱曾提出："教师问题的重要性可以说超过其他所有问题加在一起总和的重要性。"联合国教科文等四个组织，共同提出一个口号："复兴始于教师。"教育的复兴，始于教师；国家的复兴，始于教师；中华民族的复兴，亦始于教师。

　　时代越是向前，知识和人才的重要性就愈发突出，教育和教师的作用就愈发凸显。一支优秀的教师队伍是学校发展最宝贵的财富、最重要的资源、最根本的因素。优秀教师队伍的培养关键在于职后成长，职后成长的关键在于校本研修，校本研修一直伴随着教师的职业生涯，是影响教师专业发展的关键要素，是撬动教师发展、学生发展、学校发展的支点。

第一节 深入理解校本研修

校本研修，就像"空气"一样弥散于整个校园之中，伸手即可触摸，但也经常被忽视。校本研修，能充分发挥教师个体创造力和教师群体合作力，在互动学习与实践的过程中，提升教师的专业能力。它在个体价值与群体绩效得以最大限度地显现的过程中，协助学校教育内外生态不断改良与更新。校本研修在学校发展中的作用怎样？如何深入理解校本研修？校本研修从哪里做起？又将走向何方？

案例启思

孙校长是洛阳某中学校长，开学第一天新生入学，孙校长在与梁副校长巡楼时听见一年级二班的教室内哭声一片。他们急忙走进教室了解情况。原来老师是新老师，和学生几乎是同一天到校的，有孩子想家哭了起来，老师哄不好，也哭了起来，学生在台下哭，老师在台上哭，导致全班学生都跟着哭了。

孙校长对梁副校长说："最近入职的新教师非常多，这学期就有20多位，现在还都在一线，他们没有经过培训，就进入了实战。对他们来说，这的确不容易。我们有没有什么方法，能够让他们边培训边教课？否则教学质量会下滑，家长也会有很大的意见……"

梁副校长说："进修学校要求听课节数达到一定数额，我们的老师也都进行听评课，可以让他们也跟着上。但说实话，听评课的效果并不理想，老师们都是为了完成任务。另外，过几天还要在咱们学校开展线上教学研讨会，还没时间顾及新教师。"

个别学校现在的状况是每天忙于应对上级部门交办的工作，对教师的培养停留在参加培训层面。无论是对新教师，还是对老教师，我们都要站在学校发展的角度，好好地规划一下，不能靠惯性滑行。我们要研究如何促进教师的专业成长，这才是学校发展的核心。

问题剖析

从上面的案例中可以看出：学校一直忙于完成上级部门交办的各项工作，缺少对学校发展的系统设计，也忽视了学校发展体系中的关键问题。

学校的发展，关键在于教师的发展；教师的发展，关键在于开展校本研修。

一、教师队伍建设不能忽视大意而缺少必要重视

教师队伍建设极为重要，教师能力提升刻不容缓。自十八大以来，习近平总书记对教师队伍建设连续做出系列重要指示：

2013年，向全国广大教师发出节日慰问电，勉励广大教师做到"三个牢固树立"：牢固树立中国特色社会主义理想信念、牢固树立终身学习理念、牢固树立改革创新意识。

2014年，习近平总书记考察北京师范大学时，提出要培养"四有"好老师，即培养有理想信念、有道德情操、有扎实学识、有仁爱之心的老师。

2020年9月，习近平总书记高度肯定了广大教师在特殊时期坚持奋战在抗击疫情和"停课不停学、不停教"两条战线上的贡献，高度肯定了广大教师在决胜全面建成小康社会、决战脱贫攻坚中表现出来的高尚师德和责任担当。

2020年，习近平总书记又突出强调不忘立德树人初心，牢记为党育人为国育才使命，积极探索新时代教育教学方法，不断提升教书育人本领，做出新的更大的贡献。

2021年，习近平总书记强调，要把师德师风建设摆在首要位置，引导广大教师继承发扬老一辈教育工作者"捧着一颗心来，不带半根草去"的精神，以赤诚之心、奉献之心、仁爱之心投身教育事业。

习近平总书记在清华大学考察时强调，教师是教育工作的中坚力量，没有高水平的教师队伍，就很难培养出高水平的创新人才，也很难产生高水平的创新成果。教师要成为大先生，做学生为学、为事、为人的示范，促进学生成长为全面发展的人。教师要研究真问题，着眼世界学术前沿和国家重大需求，致力于解决实际问题，善于学习新知识、新技术、新理论；要坚定信念，始终同党和人民站在一起，自觉做中国特色社会主义的坚定信仰者和忠实实践者。

习近平总书记的"新师说"，突出强调了教师是教育工作的中坚力量。有高质量的教师，才会有高质量的教育，高质量的教育来自高质量的校本研修。高质量既要有高超的教学技能，更要有优良的师德修养，两者缺一不可。这也提示我们，在校本研修时，修德与修能兼顾，不可偏废。

二、教师专业成长不能听之任之而缺失系统设计

教师的专业成长方面，学校应负起责任，多层次、多方面、多途径、多角度地全方位理解和推进。学校要基于自身现状与发展目标，围绕提升教师的核心素养与关键能力，通过项目带动、任务驱动、多方联动等方式，做好教师专业成长的细化、研究成果的转化、研训成效的固化。

一般情况下，学校发展几年后，会遇到瓶颈期，出现"天花板效应"，这与所谓的"七年之痒"相类似。案例中的学校就是这样：每天也都开展听课、评课等常规教研活动，无论是校长，还是老师，每天都很忙、很累，但往往没有达到预期的效果。相反，在频出的各种矛盾中，教师工作懈怠，缺少进取心，校风日渐下滑。这就是"天花板效应"。那么如何破解"天花板效应"呢？

"天花板效应"产生的主要原因在于没有新理念的注入。新理念的注入主要是依托一个项目、任务或工程，使教师在项目的研修中进入状态，破解教学问题，进而提升教师专业水平，促进学校的发展与转型。学校避免了"天花板效应"，就会突破发展瓶颈。

学校在促进教师专业成长时，要有成果意识，要通过项目研修，积累研

修成果，并注重成果的利用与转化，实现成果、成长、成效相结合。

三、学校校本研修不能作为任务而缺乏主动探究

教师的专业成长根本就在于校本研修。校本研修就是以解决实际问题、改进实践为导向，以提高教育教学能力为宗旨，在工作中研修，在研修中工作。在某种程度上，校本研修不是靠拼搏，而是要求我们尊重教育规律，建立科学的教育教学常规，通过教育教学过程管理，指导教师在研修中实现教学工作的不断改进。

学校把听评课等校本研修当作任务，其效果可想而知。教师的专业成长主要场域是课堂，要围绕相关主题潜心认真研究，不能走过场、做样子。面对上级的听评课任务，校长要认真设计与策划，思考通过这轮听评课达到怎样的效果，为了达到这个效果还需要进行哪些培训、开展哪些活动、建立怎样的机制等。只有不断优化课堂、改进课堂、变革课堂，才能使学校处于内涵发展与可持续发展状态。

可以说，没有校本研修，就没有课堂教学的改进，也就没有教师的专业成长与学校的内涵发展。

解决策略 ▌▌

校本研修是学校内涵发展的关键，研修质量越高，教师成长越快。教育部在多份文件中，也都突出强调"校本研修"，这愈加显现了它对于教师专业发展、整体提升教师专业素养的重要作用。

《中共中央 国务院关于全面深化新时代教师队伍建设改革的意见》中明确指出"百年大计，教育为本；教育大计，教师为本""兴国必先强师"等要求。

《教育部关于大力加强中小学教师培训工作的意见》中提出和强调："建立和完善校本研修制度。加强校本研修的指导和管理，促进校本研修与教研活动相结合，远程教育与校本研修相结合，理论学习与教学实践相结合，提

高校本研修的质量和水平。鼓励和支持高师院校和中小学合作，促进教师专业发展。"

可见，采取校本研修、区域教研等多种方式，将集中培训、网络研修与实践应用相结合，能破解教育教学重难点问题，促进教师专业成长，助力学校教学创新。

一、校本研修的概念与定义

校本即学校本位，其原来的含义指的是中小学校的办学自主权，我国学者在引入此概念时，结合我国的国情与教育改革的需要进行了重新分析和理解。我国著名的教育家、上海市教育科学研究院顾泠沅教授，一直大力提倡和极力推崇校本研修，他是首先公开提出"校本研修"一词的学者之一。早在 2005 年，他创建了我国第一家教师校本研修专业网站"中国校本研修网"，为全国教师的校本研修搭建了一个学习、研究和交流的专业平台。关于校本研修，周剑波做出了具有代表性的定义：校本研修是一种以学校为本、以教师为本、以解决问题为主要目标的研修方式[①]。校本研修强调以教师所在学校为基本场所，以一线教师为主体，以教师在教育教学实践中的问题为关注点和载体，以改善教师观念和行为、提高本校教育质量为根本目的。

对于校本研修，通常将其分解为以下三层含义：

为了学校。指出校本研修的目标是为了学校的发展。校本研修主要是为了改进学校实践，解决学校所面临的问题，改进是其主要特征。校本强调关注的问题是学校管理者与教师在教育教学工作中所遇到和亟待解决的实际问题，通过分析学校的实际情况，既要探索出解决问题的对策，又要进一步提升学校的办学水平及教育教学质量。

在学校中。指出校本研修的范围是学校。即学校自身的问题要由学校中的"人"来解决。也就是说，学校问题的解决，要经由学校校长、教师共同探讨、分析来解决，所形成的解决问题的诸种方案要在学校中加以有效实施。

---

① 周剑波，校本研修：源于实践的专业发展之路 [J]. 教学与管理，2011，32：6-7.

基于学校。指出校本研修的逻辑起点是学校实际，即从学校的实际出发，充分利用学校的优势与劣势所组织的各种培训、所开展的各类研究、所设计的各门课程等，都应充分考虑学校的实际，挖掘和利用学校自身的潜力与资源，让学校资源被更充分地利用起来，让学校的生命活力释放得更彻底。

校本研修的三层含义

对于"校本研修"一词，不管是从名词表面的意思看，还是从它内在的含义看，都含有专业研究和学习修炼两个方面，它包含了教师专业发展与成长最重要的两个因素。研究与修学的统一，知与行的合一，教学、研究与阅读三者有机结合，综合反映了教师专业成长与发展的基本规律。

二、校本研修的背景及趋势

"校本研修"不是新鲜的名词，大家一点都不陌生，甚至已特别熟悉。可事实上，很多学校对校本研修缺少设计，缺少关注，甚至对其渐渐淡忘。就像案例中的学校一样，教师每天按部就班地培训、备课、上课，看似在工作，实质变化缓慢，甚至毫无变化，这些都是对校本研修缺乏足够认知所致。培训、备课、听评课是校本研修，但校本研修绝不仅仅是培训、备课、听评课，对校本研修要进行系统的规划。

校本研修不是单纯地听评课，而是基于学校问题的破解，以及课堂教学的持续改进，它通过探索学校中所存在的真实问题的过程，不断提高教师素养，进而推动学校发展，所以它是大势所趋且永不过时的。

（一）从大的社会背景看校本研修

"终身学习""人工智能时代"等先进思想与理念已经融于一线中小学教师的思想、言行之中，时代催促我们教师，在教书育人的同时，必须去研究，去学习，让工作、研究、学习三者形成良性循环，优势互补。

（二）从我国教育发展的进程看校本研修

随着素质教育和基础教育新课程改革的实施、推进和深化，对中小学教师队伍的专业素质以及教育教学的质效提出了更高的目标与要求。而教师从事教育教学活动的绝大部分时间均在学校中进行，故此，终身持续地搞好校本研修，是达到这些目标和要求的最佳途径和方法之一。

（三）从我国教师教育发展趋势看校本研修

我国在教师培养方面，日趋体现出"培养自主成长型教师"的新理念。中小学教师各自不同的专业素质现状、专业发展的需求，凸显出专业研修自主化、个性化、多样化的特点，而教师开展的自主式校本研修活动，正好符合了此种发展趋势。

1995 年，博耶教授在全美小学校长协会上做了题为"基础学校"的报告。他在这份报告里指出："要办好一所学校，首先必须建立一个学习化的社区。"学习化社区，也可以译为"学习共同体"，可见，校本研修的核心就是打造学习型组织，从"合做"到"合作"，构建学习共同体。

三、校本研修的要素与形式

个人、群体、专家是校本研修的三个核心要素，它们构成了校本教学研修"三位一体"的关系。三者在行动研究中互相作用，缺一不可，具体表现为以下三种行为。

专家引领。专家引领是指教育科研人员、大学教师或专家型教师等具有教育研究专长人员介入，用前沿的思想理念指导教学实践，进而促进教师专业发展的一种校本研修方式。校本研修虽然是以校为本，但如果缺少理论的指导，缺少先进理念的引领，就可能困于经验总结水平上的反复，甚至导致形式化、平庸化。专家引领的形式可以是专题报告或培训，也可以是专业咨询、教学现场指导等。

随着互联网技术的发展，同伴互助与专家引领已不局限于校内、省内，而会扩展到更广阔的范围，这会对教师的专业成长具有极大的促进作用。

校本研修是任何一所学校成为名校的无法逾越之路。作为校长，就是要把学校的经营轴心设定在校本研修上，带领全体教师，基于学校的现状与优势，瞄准学校特有的问题，特别是教学问题，通过系统的规划设计，让教师通过有效的校本研修，自觉学习，主动反思，深入研究，进而促进学校内涵提升与可持续发展。

同伴互助。同伴互助是校本研修的标志和灵魂。"三人行，必有我师焉。"校本研修强调自我反思的同时，也强调开放自己，主动地与校内外教学同行合作，相互交流，共同探究问题，加强教师之间的专业切磋、合作，促进彼此的成长。这一过程，能有效地防止教师各自为政和孤立无助的现象出现，这也是建设学习共同体的过程。无论是共享经验、共同研究，还是请教名师、对话骨干，都是同伴互助，只有通过同伴互助这种群体性的研究方式，才能改革教学研究中"单打独斗"的局面，从"一枝独秀"到"百花满园"，而教师群体的共同发展也会有所依托。

自我反思。杜威认为："反思是对经验进行重构重组，使之增加经验的意义并增强指导后续经验方向的能力。"美国心理学家波斯纳提出："没有反思的经验是狭隘的经验，至多是肤浅的认识。即使他有 20 年的教学经验，也许只是一年工作的 20 次重复。"可见，反思的本质是理解与实践之间的对话，是这两者之间相互沟通的桥梁，又是理想自我与现实自我的心灵上的沟通。

自我反思作为教师专业发展和自我成长的一种重要方式，是指教师经常对自我教学行为及结果进行积极、持续、深刻的审视、分析、思考和改进。反思不是一般意义上的回顾，而是反省、探究教学活动中各个方面的问题，具有思考、研究的性质。自我反思被认为是教师专业发展的核心因素，校本研修也只有转化为教师的自我反思行为，才有基础，才会得以真正落实。

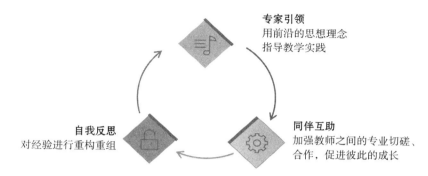

校本研修的核心要素

自我反思、同伴互助、专家引领从三个不同的方面为校本研修提供了路径，也提示了促进教师专业成长的三方力量：自我反思是教师与自我的对话，同伴互助是教师与同行的对话，专家引领是实践与理论的对话。通过以上三方面对话，实现了教师的专业成长。

总之，校本研修是以校为本，有组织、有计划的教师研修活动，起点是课堂教学，终点也是课堂教学，其意义重大而深远，是学校内涵发展的本质与核心。

样例展示

济南某校校本研修活动设计

说明：学校教师在参加了区里举办的《信息技术促进课堂教学转型与变革》的培训以后，校长带领老师进行了深入的研讨，根据学校的现状，确立了"技术改进学习过程"研修主题，并确定了骨干教师先行探索的策略。骨干教师与教研组在研讨的基础上，开展了研讨课、展示课，在此基础上，进行了校本研修活动设计。

研修主题	技术改进学习过程
研修时间	4月7日—4月10日
主持人	王文贵
参加人	实验教师
研修任务	1. 主持人任务 介绍教研背景，重申教研主题，提出观课要求：观察课堂上学生的学习过程，思考教师如何通过技术予以优化、如何改进；其他环节是否可以优化与改进。 2. 授课教师任务 重点介绍授课内容的标题、教学目标、主要使用的技术工具，以及在学生学习的哪个环节应用了技术，技术的应用对学生的学习产生了怎样的促进作用。 3. 参研人员任务 根据课堂观察，针对课堂教学内容与技术的融合，围绕三要素进行讨论： （1）课堂中某个环节在技术使用上解决了什么教学问题？是如何实现教学目标和重难点突破的？实现程度如何？ （2）有哪些改进的建议和做法？如果是我，我会怎样做？ （3）我对课堂中技术使用的困惑是什么？
研修流程	1. 主持人宣布本次研修主题。 2. 授课教师做授课说明及教学反思。 3. 主持人结合课堂技术应用抛出一个讨论问题，引导参加教研人员按照三要素开展讨论，每个参加的教研人员讨论的要素三成为下一位老师发言的讨论话题，如此下去形成讨论问题链。 4. 主持人按照"讨论要素"做适时引导，便于教研有指向。 5. 主持人总结梳理教研结论，并发布讨论结果。
备注	此任务单4月1日前发布，教师接到此任务单后要按照相关要求认真思考，教研组长要带领组内教师分析与研读此设计单，做好研修准备。

【样例评析】

教师教学能力的提升，就在于在一次次研修活动中，不断更新教师知识结构，让其累积教学经验。仅就一次研修活动来看，这份设计很有实效。

一、案例优点

（一）校本研修主题清晰明确

在研修活动中，最忌主题不清、目标不明。没有主题、面面俱到的听评课，其改进效果不明显。在这个研修活动案例中，研讨的针对性强，主持人、授课教师、参研人员都有自己明确的任务。这次研修活动目标明确，问题聚焦，指令清晰，任务具体，有助于研修目标的达成。

（二）课堂教学观察指向具体

对于参研人员，在课前就发布了课堂观察的"三要素"，这在整个研修活动设计中非常有价值。"三要素"是课堂教学点，也是教师教学时所应考虑的设计重点。无论是上课，还是研修，都要有一个准确的指向与判断，特别是"有哪些改进的建议和做法""如果是我，我会怎么做"等问题会引发参研教师的深度思考。

（三）研修流程设计切实有效

整个研修流程，简练严谨，最大的亮点是形成"问题链"，整个研修用问题带动。西南大学教育学部部长朱德全教授说："教学是由问题构成的。教学的一切都可以说成是问题衍生物。"研修也是一样。此案例以问题链的形式反复强化研修重点，聚焦问题的破解，进而促进了参研教师的深度思考。

学校在研讨活动前一周发布此研修流程，让教师有时间、有针对性地进行思考，也保证了研修的实效。

二、改进建议

（一）要在学习的基础上研修

在研修时，建议依据研修主题推送相关学习资料或相关案例，供老师们研读，以从中受到启发。或请相关专家进行指导、培训，包括参与听评课的研修，这样的研修才会产生增值。

（二）要考虑教学目标的达成

检验信息技术在课堂教学应用的效果，要看每个应用的环节是否能够有助于达成教学目标，教学目标达标的策略与方法是否做到最优化，达标的过程是否有利于学生情感态度及价值观的形成等。

（三）要注意研修的内容接续

上述案例只是一次研修活动，学校要形成教研活动的常态化、系列化、专业化，尤其是要基于学校的现实问题，研培一体，精准研修，活动促进，深入思考如何通过校本研修的方式促进学校的发展与进步，将校本研修与学校发展紧密关联，打好组合拳，形成推动力。

（四）要建立研修成果发布机制

对于每次的研修成果，要及时梳理、总结，并建立研修成果的发布、转化机制，以便直接应用于课堂教学。

第二节 提升工程 2.0 与校本研修

在教育现代化发展的大背景下，以教师专业发展为目的的校本研修也必定要紧跟时代步伐，改变以往单一、封闭、陈旧的专业成长路径，加快更新的脚步，追赶或者超越当代学习方式与教学方式变革。"全国中小学信息技术应用能力提升工程 2.0"[①]（以下简称"提升工程 2.0"或"提升工程"）在全国范围内实施以来，它的价值与意义是什么？对学校会有怎样的促进作用？对传统的校本研修会产生怎样的影响？提升工程 2.0 真正落地的关键是什么？需要怎样的机制保障提升工程在学校的顺利推进？

---

① 教育部教师〔2019〕1号文件：《教育部关于实施全国中小学教师信息技术应用能力提升工程 2.0 的意见》。本书简称为"提升工程 2.0"或"提升工程"。

一大早，主管教学的张副校长就来到校长室："王校，昨天开完会，我看了一下方案，提升工程2.0的标题是信息技术应用能力，这不是信息化的事儿吗？信息化的事情，和我也不沾边儿呀，我哪懂什么信息化呀。我又问了一下其他区，很多区都是电教部门负责落实提升工程2.0，咱们是不是也应该由分管信息化的张校长负责？我是负责教学的副校长，也不太懂信息技术，咋来推进呀？还是换别人吧……"

问题剖析

从案例看，张副校长是思想比较传统、按部就班工作的领导，他关注本职，忽视变革，关注眼前，忽视未来，关注表象，忽视本质，对信息化及提升工程2.0存在着误解。

一、对信息技术在教学中的作用认识不足

智能时代，万物互联，这给人们的学习和生活带来了翻天覆地的变化。信息技术时代，冲击的不仅仅是生活，教育也面临新的挑战，对教师也提出了更高的要求。21世纪，教师工作本身及对学生的教学指导，都要求教师掌握并使用信息技术。而上例中的张副校长，思想还没能跟上时代的发展。

学校的主流工作是课堂教学，信息技术如果不能与学校主流工作完美链接，技术不作用在课堂教学上，那技术就永远处于外围和边缘，就不可能实现真正的融合创新发展。

基层学校的很多一线教师，还运用"教师讲授—学生练习—纠错改正"循环反复的传统教学方式，这种教学方式下，信息技术始终是课堂的"点缀"，处于"可有可无"的状况。在这样的情况下，在运用信息技术上，无论是校长，还是老师，有抵触情绪就不足为怪了。

虽然疫情期间信息技术对教学有了很大的助推作用，但事实上有些教师对信息技术在教育教学中的影响还是缺少必要的认知的，对提升工程2.0如

何落实也不是很清楚。

作为实践活动主体的"人"的状况如何,以信息技术为代表的技术使人的主体性产生了哪些根本性变化等问题,应是教育所关注的问题。教育的最终目的是促进学习者的全面发展。就本质而言,主体性是全面发展的人的根本特征。① "全国中小学信息技术应用能力提升工程2.0"就是在《教育信息化2.0行动计划》和《教育振兴行动计划(2018—2022)》这一大背景下,为提高教师这个教育主体在应用信息技术改进教育教学方面的意识和能力而提出的,而提高教师应用技术改变课堂教学的能力,其关键是信息技术在课堂教学中的深度应用,这也是提升工程在课堂教学中的作用。

二、对信息技术应用能力提升工程2.0认识不足

提升工程2.0项目,构建的是未来教师信息化培育体系和评价体系,即通过建立一套新机制,促进技术与教育深度融合、育人理念更新、教学模式变革和教育服务转型,提高教师专业素质,培养新时代创新人才。而在张副校长看来,提升工程2.0是"信息化"的事儿,这是非常片面的,他缺少对工程内涵的了解,更缺少对教师能力提升与学校发展的思考。

提升工程2.0强调建立新机制。提升工程2.0的显著特点是建立了"以校为本、基于课堂、应用驱动、注重创新、精准测评"的新机制,新机制明确指出了提升工程的行走路径:以校为本,基于学校实际,为了学校发展;基于课堂,在课堂上应用能力点,能力点应用是为了优化与变革课堂教学;应用驱动,任务驱动下能进行主动学习、制作、应用、校正;精准测评,教师完成能力点制作与应用,最后要通过微认证的方式验收,对于每所学校提升工程2.0的完成情况,上级部门通过抽检来评价。

各校在提升工程推进的过程中,要关注新机制。对于国家来说,这样的机制有利于评价与验收,对于各级培训团队来说,这样的机制有较强的指导作用,对于学校来说,这样的机制有明晰的行动路径,学校能根据自己的实际情况,确定发展目标,围绕发展目标,确立研修主题,进行自主选学、自

---

① 张天宝.主体性教育[M].北京:教育科学出版社,2001.

主研修、自主运行，最终实现学校的自我发展。

提升工程 2.0 强调融合创新。这是 2.0 与 1.0 的本质区别。提升工程 1.0 注重技术的学习与掌握，而 2.0 则注重技术在教学中的应用，强调融合，不把技术与应用割裂开来。也就是说：单纯的技术并没有太多的价值，只有把技术与要做的事情结合起来，与课堂教学结合起来，才有现实意义。张副校长把提升工程 2.0 看作信息化的事，理解为信息技术培训，他只看到了技术本身，没关注到技术应用于教学的效果。他只想到技术，没思考应用；只想到任务，没考虑技术应用于课堂，给课堂教学带来的变化。

提升工程 1.0 强调个体，考评的也是教师个人技术是否掌握，而提升工程 2.0 强调的是整校推进，强调提升工程 2.0 给学校带来的变化，从 1.0 到 2.0 主体由个体变为学校，评价自然也由评价个体转变为评价学校，这就需要校长依据学校教师与教学情况，整体来谋划并实施。在测评方面，2.0 采取的是教师个人微能力认证的方式，突出了精准测评。

为了促进信息技术与课堂教学的融合，提升工程 2.0 以能力点研习为基础，由能力点在某个教学环节的应用，扩展到整节课的优化与变革，由"点"到"面"，由部分到整体，小步子前进，促进了信息技术在课堂教学中的逐步应用，这是提升工程的创新之举。

提升工程 2.0 注重校本研修。校本研修是教师专业可持续发展的重要途径之一，是使教师快速进入反思状态，不断进行理论提升、认识深化、分析理解、实践反思的过程。提升工程 2.0 的主要目的是全面促进信息技术与课堂教学的融合创新发展，能力点是具体的任务。如何理解这些能力点？这些能力点如何在课堂教学中适切应用？能力点在课堂教学中应用如何更有效果？这一系列问题都需要基于学校教学环境、基于学校教师实际情况，通过校本研修来解决。此外，校本研修的开展过程就是教师自主性、能动性、创造性形成的过程。当然，校本研修能力也是校长信息化领导力的具体体现。

无论提升工作的落地还是学校的发展，学校和教师都要通过"研"与"修"来解决，"研"是深入地探求，"修"是不断提升自己的学问、品行，既教又研、既研又修，这样才能建设一支高素质、高能力的队伍，有了这样一支队伍，学校才会有强大深远的发展力。可以说：无研修不提升，无研修不成长，无研修不发展。

可见，提升工程2.0通过校本研修，提升教师从教能力，优化与变革课堂教学，促进学校的内涵发展，进而培养创新型人才。很明显，这一点与主管教学的张副校长职责完全一致。

三、对课堂教学转型认识不足

国家先后出台了很多文件，都指向创新人才的培养，而创新人才的培养，其关键在于课堂教学变革。

2017年9月，中共中央办公厅、国务院办公厅印发《关于深化教育体制机制改革的意见》，强调要建立以学生发展为本的新型教学关系，改进教学方式和学习方式，变革教学组织形式，创新教学手段，改革学生评价方式。

2018年1月，《中共中央国务院关于全面深化新时代教师队伍建设改革的意见》要求"教师主动适应信息化、人工智能等新技术变革，积极有效开展教育教学"。2018年4月，教育部启动实施教育信息化2.0行动计划，提出要大力提升教师信息素养。

2019年6月，《中共中央国务院关于深化教育教学改革全面提高义务教育质量的意见》指出：优化教学方式。要坚持教学相长，注重启发式、互动式、探究式教学，教师课前要指导学生做好预习，课上要讲清重点难点、知识体系，引导学生主动思考、积极提问、自主探究。教师要融合运用传统与现代技术手段，重视情境教学；探索基于学科的课程综合化教学，开展研究型、项目化、合作式学习。

2019年，中共中央国务院印发《关于深化教育教学改革全面提高义务教育质量的意见》，指出：促进信息技术与教育教学融合应用。我们要推进"教育＋互联网"的发展，按照服务教师教学、服务学生学习、服务学校管理的要求，建立覆盖义务教育各年级、各学科的数字教育资源体系；加快数字校园建设，积极探索基于互联网的教学；免费为农村和边远贫困地区学校提供优质学习资源，加快缩小城乡教育差距。

中共中央国务院印发《中国教育现代化 2035》，也明确指出：创新人才培养方式，推进启发式、探究式、参与式、合作式等教学方式以及走班制、选课制等教学组织模式，培养学生创新精神与实践能力；加快信息化时代教育变革；利用现代技术加快推动人才培养模式改革，实现规模化教育与个性化培养的有机结合。

......

面对国家的要求，学校要立足自身目前的教学现状与问题，对标国家要求，反省自身与国家要求之间的差距，通过组织教师研究教育、优化教学、变革课堂等具体措施，提升教育质量和办学水平，实现学校发展与学生成长，从而缩小与国家要求的距离，办人民满意的教育。

解决策略

新时代，学校要立足学校自身实际，站在宏大的社会背景下，谋划学校发展。学校要与时俱进，系统思考教育的过去、现在以及未来发展走向，设计合理的研修内容，构建科学的研修体系，通过校本研修着力提升教师信息化教学能力，用技术助力学校教学的改进，带动学校教育信息化、教学现代化，从根本上提升教学效率，提高教学质量，转变学习方式，培养创新型人才。

一、清楚提升工程 2.0 对教学的促进作用

就目前教师队伍的现状来看，大多数教师具备相应信息化技术能力，但缺乏相关理论支持，素材采集与合成能力、技术在课堂中的适切应用、数字资源的制作与整合、教学方式的转变等多方面，尚需要进一步加强。

TPCK 这一概念（即"整合技术的学科教学法知识"）是由舒尔曼和国外研究者 Mishra 和 Koehler 共同提出的，其中心是技术、学科知识和教学法，它是对舒尔曼提出的 PCK（学科教学知识）概念与 TK（技术知识）进行的整合，实现了三者的动态平衡。

TPCK 意味着教师在真实的教学情景中，具备将技术知识、学科知识和

教学方法融通转化的能力。提升工程 2.0 基于课堂这一真实的教学情景，注重技术在课堂教学中的融合创新，在应用过程中，教师对专业知识、教法学法、技术运用等会有更深的理解，进而提高从教能力。

学术界对 TPCK 的研究从来没有停止过，Mishra 和 Koehler 等人提出了 TPCK 概念框架（如下图）。

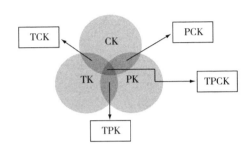

在 TPCK 模型下，教师必须具备学科内容知识（CK）、教学法知识（PK）、技术知识（TK）这三项基本要素。

除这三项核心知识外，教师还要拥有四类复合型知识：整合技术的学科内容知识（TCK）、学科教学知识（PCK）、整合技术的教学法知识（TPK）、整合技术的学科教学法知识（TPCK）。作为复杂、灵活的整合知识的实践过程，TPCK 模型界定了技术和教学的关系，该模型不是三要素的简单叠加，而是超越三要素的动态融合。三个核心要素构成的七要素相互作用、相互影响，任何要素的变化均会引起整个模型的变化。TPCK 是信息化环境下对教师知识和能力的最高要求，它要求教师具备以现代信息技术知识为支撑的学科教学知识。信息技术在课堂教学中的介入，需要在实践中不断尝试、不断反思、不断验证，其在持续的学习、大胆的假设、反复验证的过程中，在解决学校课堂教学面临的问题的同时，能促进教师的专业成长。

据此理论，提升工程不是信息技术在课堂教学中的简单使用，而是要将"能力点"放在整节课中，要站在教学视角看综合考量能力点对教师教、学生学的促进作用。

二、明确提升工程 2.0 的核心是校本研修

提升工程 2.0 的目标任务是："到 2022 年，构建以校为本、基于课堂、应用驱动、注重创新、精准测评的教师信息素养发展新机制，通过示范项目带动各地开展教师信息技术应用能力培训（每人 5 年不少于 50 学时，其中实践应用学时不少于 50％），基本实现'三提升一全面'的总体发展目标：校长信息化领导力、教师信息化教学能力、培训团队信息化指导能力显著提升，全面促进信息技术与教育教学融合创新发展。"

通过建立"教师信息素养发展新机制"，最终实现"三提升一全面"，由此可见，新机制是提升工程 2.0 的关键与核心。

以校为本体现"自主性"。在我国，每所学校的地域文化不同，发展状况不一。在国家任务要求和提供的框架下，各学校要基于各校的现状与实际情况，对标学校课堂教学与国家文件要求的差距，找出学校存在的问题与症结，并将这些问题梳理汇总后，形成阶段研修主题。每所学校的研修主题完全来自本校的实际问题，不断解决学校的实际问题，就是在促进学校发展。"自主性"还体现在教师能力点的选择上。教师根据学校的研修主题所确定的能力点，在平台上自主选择对应的网络课程进行学习，以实现个性成长。有选择才是有自由。给学校和教师以选择权，是尊重学校、教师间的差异，是基于学校与教师的最近发展区，也着力体现了"以人为本"的思想与理念，能使提升工程真正落地。

基于课堂体现"目的性"。教师信息技术应用能力的提升，其最终是要体现在对课堂教学的优化与变革上的，以达到通过课堂教学这个主渠道培养创新人才的目的。可见，提升工程中能力点的制作只是教师信息技术应用能力提升的"抓手"，通过指导教师完成能力点制作，能提升教师信息技术应用能力，提高课堂教学水准。因此，能力点要与课堂教学实际应用紧密结合，不能脱离课堂来谈能力点，能力点完成的质量怎样，要在课堂上检验。"实践是检验真理的唯一标准。"这个实践，就是课堂，就是教学，就是课堂教学变革的朝向。制作了能力点以后，要学会追问一句：这个能力点在课堂教学中哪

个环节应用？应用后课堂的整体效果怎样？是否符合新课改的思想与理念？提升工程的目标不是制作能力点，能力点上传也不是提升工程行为的结束。各学校提升工程的推进不是能力点做没做，不是能力点在课堂上用没用，是能力点的应用对课堂教学是否有促进作用，是否有助于教学目标的达成，是否使学生的学习更积极、更主动，能力点在课堂上的应用，是否不断改进、优化、变革了教学。可见，提升工程是一项长期的、以提升教师能力与课堂教学质量为核心的项目。

应用驱动体现"关联性"。教师为了完成任务，达到标准，就需要主动地、有目的地学习，这种学习完全不同于储备式学习或随意学习，这种学习目的明确，会更有效果。学校要通过在课堂上应用能力点这个任务驱动教师学习、反思、实践。这样学校在实施时就要清楚：学习的目的不是为了"模仿"与"制作"，而是为了"迁移"与"应用"。因此，能力点的学习不仅要学习技术与教学间融合的方法手段，还要与课改理论相关联，用先进的教学思想引导能力点的制作。一个有传统教学思想的老师，是很难做出高质量的能力点的；一个课堂教学有问题的老师，应用信息技术，只能出现更大的问题。能力点的制作，要依据新课改的思想与理念，体现新课改的思想与理念，发扬新课改的思想与理念。制作的能力点要达到上述的标准与目的，其关键就在于要扎扎实实地开展校本研修。

综上，提升工程 2.0 通过能力点的研习，掌握相关技术的使用方法，掌握技术工具与教学知识点、与各环节融合的方法，清楚能力点在课堂教学中的应用，进而提高教师执教能力，提高课堂教学质量，实现创新人才的培养。在这一路径中，很明显，通过理念的传递是无法达到效果的，它需要将理念与行动相结合，这就需要通过校本研修来实现。因此，各校对于提升工程中的能力点，不能用要求来落实文件精神，不能把这项工作交给培训部门，更不能听之任之，放任自流，而是要组织开展有效的校本研修，在培训、研讨、备课、听评课等多方面进行落实。不管是校长还是教师，无论是面对时代发展、教育变革、教师自身的专业发展需求，还是面对学校发展的需要，都需要在研修中不断地更新理念、丰富经验、锤炼技能、增强能力、提高品质，进而实现教师和学校发展的共赢。

学校校长信息化领导力，关键在于组织教师开展有效的校本研修，使教师真正掌握能力点，并适切地用于课堂教学之中，通过提升教师信息化教学能力，优化课堂教学或变革学习方式。

三、掌握提升工程实施的具体方法

在提升工程 2.0 的意见中，明确要求由校领导担任学校首席信息官（CIO），组建由校长领衔、学校相关管理人员参加的学校信息化管理团队，选拔信息技术能力突出的骨干教师组成培训团队。文件还指出"中小学校是提升教师全员信息技术应用能力的关键节点，校长是第一责任人，要制订本校信息化发展目标和规划，并围绕目标、规划切实开展信息化教学校本研修"。

学校应如何通过开展校本研修提升教师信息化教学能力，提高教师信息素养，以全面促进信息技术与教育教学融合创新发展？这是实践的关键问题，更是当前基层学校关注的话题。具体做法如下：

一是要做好规划。

想得专业才能做得专业，提升工程 2.0 是一项长期的工作，也是一项复杂的系统工程，做好规划是实施这项系统工程的"第一道工序"。

坚持规划先行，重在有设计意识。不能走一步看一步，而是要把大势、明思路、定措施。规划不思考清楚，不研究明白，接下来的每一个部署、每一次行动，都将受到制约和影响。

坚持规划先行，重在因校制宜。我国各学校文化背景不一样、发展现状不一样、教师基础也不一样，承认差异、尊重差异就是实事求是。这就需要各校立足本校实际，科学制定发展愿景以及改进目标，谋划适合自身发展的路径。

坚持规划先行，重在扎实行动。规划是时间表、路线图，规划不能只挂在墙上，更不能放在档案盒里，而是要去实践，要踏踏实实地按规划实施，在实施中不断校正、补充，将提升工程落到实处。

思深方益远，谋定而后动。提升工程要坚持规划先行，精准施策。

二是加强评价。

校本研修制度是活动实施的保障，可为提升工程能力点的研究创造一个相对稳定的环境，但只要是制度，就会带着一些硬性的成分，如果仅仅依靠制度来促使教师进行校本研修，让教师在制度的框架下开展研修工作，久而久之，势必会消磨掉教师研修的热情与动力。因此，要确保校本研修活动的长远发展，学校除了依靠制度来规定教师的研修行动，还必须建立相应的机制，让教师在有效的机制的促进下，能够有更大的职业目标和更高的职业热情，把"要我研究"转变为"我要研究"，从而促进教师专业水平的提高。

建立研修制度。校本研修是一个过程，一个不断发展、不断完善、持续的过程，学校要建立与时俱进的自学、集训、备课、研讨、听评课等相关制度，并根据具体的情况变化及时地做出判断与调整，并给出相应的评价。学校应逐渐将制度形成契约，让所有教师共同遵守。

建立激励机制。对提升工程校本研修的评价，一般情况下，可依据能力点评价结果，但对表现优秀的教师要通过多种方式给予相应表彰与鼓励，以进一步鼓励和激发他们进行校本研修的热情，使他们的研修工作不断取得更大的成效，从而带动和推进全校教师的校本研修活动，整体提升全校教师的专业水平，促进教师专业成长。

建立保障机制。一个政策的执行、一个活动的开展，都需要一定的保障措施，提升工程也不例外。外在机制的保障是促进混合式校本研修顺利开展的有效措施，学校要调动人力、物力、财力等多方面的资源来确保校本研修的开展。在人力方面，学校要积极发挥教研组的作用，发挥校内骨干教师、学科带头人的引领作用，并聘请相关专家确保研修的专业性，运用专家资源有效开展混合式校本研修；在物力方面，学校要保障电脑、网络等教学设备的及时提供，为教师研修发展创造一个先进的、科学的网络环境；在财力方面，学校要加大资金投入，为校本研修提供物质保障，支持研修活动的顺利开展。

三是注重过程。

加强校本研修的领导。校长是学校办学的组织者、领导者，抓好教师的专业发展就是校长的重要使命之一。陶行知先生认为，"校长是一所学校的灵魂"，"说得小些，他关系千百人的学业前途；说得大些，他关系国家与学术之兴衰"。校本研修的指向虽然是教师，但最后也是解决学校的问题，改进学校的工作。这就需要校长对学校的校本研修进行专业性的领导。校长能否正确认识校本研修在学校的地位与作用，对于一所学校的发展来说至关重要。校长应该从学校的实际出发，充分挖掘学校的各种资源和潜力，营造优质的校本研修文化，发挥教师的积极性、主动性与创造性，锻炼、提升教师的教育能力，鼓励教师形成独特的教学风格，统整教育科研、课程改革、师资培训，构建以学校为基础、以问题为中心、以课改为舞台、以教师专业发展为目标的校本研修系统，使教师真正成为教育过程的主导力量。对于提升工程2.0，校长要制定切实可行的校本研修规划，通过研修提升教师信息化教学能力。

加强混合式校本研修设计。校本研修不只是教师个人的事，那么还需要哪些人员参与？如何让教师有效地参与到校本研修中来？……这些问题，都需要认真谋划。自我反思、同伴互助、专家引领作为开展校本研修的三种基本的、常态的方式，三者相互联系，缺一不可。其中，自我反思是实施校本研修的基础与前提，同伴互助是实施校本研修的标志与灵魂，专业引领则是校本研修可持续发展及纵深发展的关键。校长在教育走向现代化的大背景下，要围绕三种基本方式，架构自主选学、主题研讨、观课议课、专题讲座、答疑解惑、展示交流等混合式校本教研流程，组织教师进行校本研修，帮助教师树立终身学习的理念，激发教师的生命活力，挖掘教师的发展潜能。

混合式校本研修不是简单的"线上＋线下"，不是在原有校本研修的基础上开展一次线上活动，也不是把线下的活动移到线上开展，而是统筹安排，线上引领学习、资源共建、信息共享，线下深入研讨、碰撞反思。通过研修流程的重构，教师围绕研修主题与任务，在研修中翻来覆去走几个来回，在不断地理解与内化过程中，实现真正的高度参与的、积极互动的、个性化的学习体验。

加强教师的情感培养。校本研修的诸多问题出现在培训方式与组织形式上。如何让教师兴趣盎然地参与校本研修活动，是校本研修设计者的一项关键性课题。

认知离不开情感，校本研修要特别关注教师的情感需要与体验。教师是人，是一个"完整"的人和"人际"的人[①]。"完整"的人意味着教师也有喜怒哀乐，所以教师的认知和学习离不开其情感的参与和投入。没有情感，哪有认知？"人际"的"人"意味着教师和普通人一样，具有群居属性。校本研修这件"事"，不能离开"人"，要使教师作为"人"入场[②]，即在关注教师情感的同时，还要关注教师环境与心理的适应性，关注教师个体与地域差异，提供给教师更具个性化的学习内容和更具针对性的研修指导，提供给教师自我展示的广阔空间，协助教师在交往互动中提升实践能力以及将自我看作一个有机体，在不断成长、动态改变过程中生发出自我认同感。学校在开展校本研修时，要注重成全教师而非只让其完成指令性任务。

总之，提升工程背景下的校本研修，学校要以"助力学校教学创新，提高教师应用信息技术进行学情分析、教学设计、学法指导、学业评价等能力"为目标，严格自主管理，落实自主规划，抓好自主研修，强化应用实效。

自主管理重在明职责、建制度。要充分发挥学校管理团队的统领作用，建立学校教师信息技术应用能力提升工作管理机制，把信息化领导力落到实处。

自主规划重在解决问题、促发展，要基于本校实际情况，针对问题与需求，制定可提升、可检测、可达成的目标任务及年度实施计划。

自主研修重在建机制、保常态。要立足"整体提升"，建立"骨干引领、教师选学、团队互助、学校指导"的研修共同体，形成"学校指导有研修方案，教研组互助有专题研修计划，教师选学有任务清单"的研修机制，确保全校教师信息技术应用能力提升有效推进。

强化应用重在提实效、重交流。要立足"问题解决"，建立实践应用的激

---

① 顾泠沅. 校本研修应成为教师的内在需求［J］. 教育发展研究，2007（4）.
② 戴军. 信息化背景下教师网络研修本体价值的反思与澄明［J］. 中小学教师培训，2016（1）.

励机制，通过教研组研讨、学校交流等，推动教师应用，保证50％实践应用学时确有实效。

样例展示

山东某小学提升工程校本研修流程设计

为了更好地落实"中小学信息技术应用能力提升工程2.0"，加速提高教师信息技术的应用能力，学校确立了"以培训促提升、以学习促发展、以应用促创新"的原则，在校本研修方案的基础上，制定校本研修流程，以便全校教师操作。

流程一：加强培训，提升理念。

学校本着"欲先行之，必先知之"的态度，先确定培训内容，即让全体教师充分了解"提升工程2.0"的目的、意义、任务。特别是要加强对提升工程内涵的深入理解，尤其是在思想上要足够重视。

为了更方便大家学习，学校采取在线培训的形式。在线培训分为两部分：一是观看平台上的能力点研修录像；二是由主管师培工作的副校长重点强调学校对提升工程如何落实所做的明确要求。

时间：一周。

方式：线上。

负责人：刘军（教学副校长）。

流程二：确定目标，选点研修。

围绕学校的信息化发展目标，学校由"微能力点结构与选择组合建议"，结合信息化环境，确定了分层目标，以保证整校推进。

学校给老师提供了几种优化教学、变革教学以及个性化选择的可选思路。各位老师根据学科特点和自身信息技术应用能力，再结合学校信息化环境，综合考量，确定所选能力点，明确认证材料。

时间：五天。

方式：线上培训，提供资源，方便学习，更主要的是线上培训便于老师们看视频回放。

负责人：各学科组长。

流程三：骨干先行，梯队展开。

根据提升工程2.0的要求，每所学校要在三种环境当中选择至少两种环境，在这两种环境下分别选择能力点。也就是说，不可以一个学校的所有老师，都只选择最容易实现的"多媒体教学环境"下的能力点，也不能选择"学情分析"这个维度的两个能力点。

学校遵循"骨干教师先行，梯次铺开"的原则，由骨干教师先试先行，积累经验，然后骨干教师和年轻教师一起，分别组成不同的学习小组，选择"混合学习环境"和"智慧学习环境"下的能力点，观看"能力点解析视频"，挑战高级应用。同时，每个小组配一名信息技术学科教师作为技术指导，共同完成能力点的学习。

时间：两周。

方式：线上学习，线下研修，同伴互助。

负责人：各学科组长。

流程四：自主探究，质疑解疑。

各学科组针对学习视频提出自己的疑惑并组内讨论。

各组组长将问题汇总，学校组织全校教师针对提出的问题发表见解，形成共识。对于不能解决的问题，由主管校长负责汇总，并组织教师现场讨论。

请相关专家针对教师提出的典型问题，根据实际情况，以线下或线上的方式进行有针对性的指导。

时间：两周。

方式：现场讨论。

负责人：刘军（教学副校长）。

流程五：尝试制作，三评三改。

学校通过"三评三改"的方式，促进每位教师研修能力点。

一评一改：教师尝试制作能力点，每组推荐一至二人在群内展播，组内教师提出改进意见。各教师根据组内教师提出的修改意见，完善自己的能力

点。（线下）

二评二改：教研组以学年为单位进行互评，并对评定的每份能力点提交改进意见，教师自行修改。（线上）

三评三改：学校副校长牵头，组成审核小组，对全校教师提交的能力点进行逐个观看，并提出改进意见，教师依据修改意见自行修改。（线上）

时间：两周。

方式：混合研修。

负责人：刘军（教学副校长）。

流程六：校际分享，以评促改。

学校教师与兄弟学校召开联合分享展示会，请专家现场点评。（现场展示交流）

教师根据修改意见，再次修改自己的能力点，在线上提交。（线下与线上相结合，完成任务）。

学校对本次研修活动进行阶段总结，发扬优点，总结存在的问题与不足。

时间：两周。

方式：混合式研修。

负责人：刘军（教学副校长）。

【样例评析】

提升工程有效落实的关键在于校本研修。如何开展校本研修，才能使学校所有老师都进入研究状态？本案例给出了较为清晰的答案。

一、注重研修问题的提出与解决

为了让老师们进一步理解能力点的内涵，学校组织回答教师提出的疑问，为后续工作扫清障碍。老师们在校本研修中经常会遇到这样或那样的困难，如果困难得不到解决，教师就会产生挫败感，失去信心，从而放弃。学校要特别重视教师在实际操作中遇到的难题，并请专家到校予以解答。汇集教师问题，从另一个角度看，也是在督促教师深入思考，认真研究。某校在进行能力点制作的过程中，教学主管发现教师的问题不及时解决会带来一系列问题，就组织教师到计算机教室中，一起制作能力点，这样大家有问题能及时向同伴求助，从而营造了很好的研究氛围，提升了教师对能力点的理解与掌握的实效。

二、注重同伴间的互助

教师制作能力点，不是单打独斗，而是充分发挥教研组的作用，采用组内教师评、组间教师评、学校总评等多种方式，在关键环节"三进三出"，使"研"的味道更加浓郁，并通过"展示"这种机制，对优秀予以嘉奖，促使优秀教师继续凝练深化，其他教师则在同伴的互助中借鉴学习、思考改进。向同伴学习是教师学习与成长的最好方式。

三、研修行走路径清晰

学校在进行校本研修时，设计了某个时间段的研修流程，每一项流程，不仅有具体任务，还有行进的具体时间节点、有明确的责任人。分工明确，任务具体，会使研修落到实处。

改进建议：研修方案中谈到了学校的发展目标，但并未明确体现出来。学校组织教师开展校本研修，是为了解决学校问题，促进学校发展，不是仅仅为了制作能力点。因此，学校的校长要认真思考学校的具体发展目标是什么，确立什么样的研修主题，在这个主题下确定哪些能力点。这是校长信息化领导力的具体体现。

第三节　技术解锁校本研修

校本研修对学校的发展非常重要。这就要求校长们重视并正确对待校本研修，同时，能够与时俱进，以前瞻的眼光、卓越的胆识创新应用信息技术在校本研修中的作用，充分发挥传统研修与信息技术各自的优势，重塑研修流程，增强互动交流，实现优势互补，使校本研修更具实效，并以此重构学校研修的新生态。那么：技术又如何为校本研修赋能？什么样的校本研修更有实效？混合式校本研修与传统校本研修相比，是有效、低效还是无效？研修流程的改变，是否可以对校本研修的实效起到真正的促进作用？技术还能支持校本研修向哪个方向转型？校本研修如何在人与技术之间的内在张力的作用下，使技术从"离身"走向"具身"，从浅层走向深入，从表面繁荣走向真正提升？

案例启思

　　早上，贵州某中学的曹校长照例在学校门口迎接学生入学，远远看见同镇的向阳中学张校长和两位老师拿着锦旗走过来。张校长一见曹校长，就连忙致谢："非常感谢，非常感谢，我们老师特地制作了锦旗，送给你们学校的李老师，我也代表学校感谢李老师的优质资源共享……"

　　经细聊，才得知，向阳中学由于英语师资短缺，临时顶替的老师并不是英语专业毕业，对教学难以应对，就向曹校长所在学校的李老师求教。李老师是全县英语骨干教师，她半年以来，每周免费开放一节直播课，向阳中学的小王老师和学生一起听李老师讲课，学生们听的是内容，小王老师听的是教法。通过观课、交流，小王老师进步很大，这次在全县的英语教学说课大赛中，获得了一等奖。为此，小王老师特意做了锦旗，并将此事向学校张校长做了汇报。张校长听了以后，也非常感动，就同小王老师一道来向曹校长和李老师赠送锦旗。

问题剖析

　　教师如何快速成长？这个案例给了我们一个很好的启示。

　　两所学校，一所优质校，一所薄弱校，两所学校的教师利用互联网的优势，通过远程传输的方式，一边学习，一边研究，最大限度地促进了教育的均衡与公平。

一、信息技术使优质资源的传输更便捷

互联网、大数据、人工智能等信息技术的迅捷发展极大地改变了教育的生态结构，同时在重塑着农村等薄弱地区教育的新业态。习近平总书记致信祝贺国际教育信息化大会开幕时表示：中国坚持不懈推进教育信息化，努力以信息化为手段扩大优质教育资源覆盖面。我们将通过教育信息化，逐步缩小区域、城乡数字化差距，大力促进教育公平，让亿万孩子同在蓝天下共享优质教育，通过知识改变命运。

2020年3月，教育部颁发《关于加强"三个课堂"应用的指导意见》，全面促进信息技术与教育教学融合应用，积极推进"互联网＋教育"发展，针对基础教育阶段促进教育公平、提升教育质量的现实需求做出回应。

"三个课堂"是指"专递课堂""名师课堂""名校网络课堂"。

"专递课堂"强调专门性，解决"课程无"的问题，主要针对农村薄弱学校和教学点缺少师资，开不出、开不足、开不好国家规定课程的问题，采用网上专门开课或同步上课、利用互联网按照教学进度推送适切的优质教育资源等形式，帮助其开齐、开足、开好国家规定课程，促进教育公平和均衡发展。

"名师课堂"强调共享性，解决"教师优"的问题。主要针对教师教学能力不强、专业发展水平不高的问题，通过组建网络研修共同体等方式，发挥名师名课示范效应，探索网络环境下教研活动的新形态，以优秀教师带动普通教师水平提升，使名师资源得到更大范围的共享，促进教师专业发展。

"名校网络课堂"强调开放性，解决"优质资源共享"的问题。主要针对有效缩小区域、城乡、学校之间教育质量差距的迫切需求，以优质学校为主体，通过网络学校、网络课程等形式，系统性、全方位地推动优质教育资源在区域或全国范围内共享，满足学生对个性化发展和高质量教育的需求。

"三个课堂"中，通过优秀人力、优质资源的共享，促进教育均衡发展。

二、信息技术使研修更有实效

案例中的李老师和小王老师就是利用名师课堂开展协同教研的，以解决

薄弱学校教师能力不强的问题，并实现了教师课堂教学能力的快速提升。在既往的教师专业发展实践中，虽然组建了很多研修共同体，但这些共同体在很大程度上是与教学实践共同体隔离的，由此导致其脱离了教学实践开展教研，以致研修效果不佳。而教师专业发展只有基于真实的工作场景才有意义。

小王老师与李老师对接后，在实战中学习，针对实际问题及时请教，增强了研修的针对性，从而使研修更有实效。

各地区可充分发挥特级教师和省、市两级学科带头人与骨干教师的示范作用，将传统线下的示范课、公开课上传至"名师课堂"，面向全省教师开展听课、评课、研讨等活动，帮助更多教师突破专业发展的"瓶颈"，整体提高学校教育教学质量。

不管是哪一种课堂的开展，都需要区域内的统筹领导、完善的教学空间建设、资源的共建共享以及信息化手段和设备的支撑。

研修强调双师协同，在双师协同中，以协同备课为前提，主讲教师负责在线上提供高质量的教学，辅助教师在本地负责提供即时的学习支持服务，二者相互配合，共同推进"专递课堂"教学不断走向深入，持续提高教学质量，提升学生学业成就。

通过优质学校与乡村学校"结对子"、建立"双师工作坊"等方式，利用"专递课堂""同步课堂""名师课堂""名校网络课堂"等，采取教师模仿名师网络录像，或者名师网络录像与当地教师辅导相结合等模式开展教学。双方教师组成协同教研共同体，通过网络研修加强集体备课、研课交流。远程授课教师对乡村教师进行长期陪伴式培训，定向帮扶乡村教师提高专业水平与信息技术应用能力，助力贫困、边远地区教学点及乡村学校开齐国家课程，提高教育教学质量。

三、信息技术能加速知识转化

教师通过培训、学习等进行研修，并不代表就能促进专业成长，这里还需要一个由"内"向"外"的转化过程。

英国心理学家哈瑞指出，教师的能力发展是一个持续的过程，"要经历内

化—转化—外化—俗化四个转变过程的循环迭代过程，才能实现"①。如下图
所示：

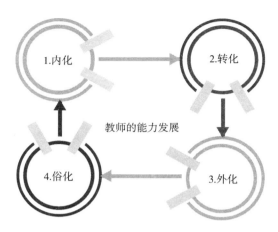

教师的能力发展过程

内化，指在培训或研修时，教师用自己的认知结构同化新知识、新技能。
内化包含用已有知识理解新知识和用新知识理解已有知识两个过程。转化，
指教师经历过自己的认知结构与新知的认知冲突后，努力调整自己的认知结
构使之与知识的结构契合。但是，仅有内化和转化的过程，教师的认知结构
不会发生转变。因为，教师的认知结构总是努力让自己保持稳定状态，即认
知结构有固守的倾向。教师的认知结构与新知交互时，宁愿将新知纳入自己
原有的认知结构，或者直接拒斥，也不愿意发生改变。因此，真正的转化成
功还有待于外化过程的实践反思和俗化过程的交流碰撞。外化，指给予教师
应用新知识的环境或者情境，引导教师做中学，通过应用新知识解决问题，
从而在实践中积累关于新知识的实践性知识。俗化，指为教师营造交流分享
实践经验的环境，教师向外部世界分享自己的实践经验，通过引发学习共同
体成员的讨论交流，最终使得到大家认可、形成共识的部分固化下来，在共
同体成员之间传播②。

① 赵俊. 教师的生成性学习 [D]. 上海：华东师范大学，2016.
② 吕星宇. 中小学校本研修中存在的问题与解决策略 [J]. 教育参考，2020（5）.

可见，教师的专业成长虽然是个体的事，依赖于教师自身的理解、实践、反思，但教师的专业成长又不能仅仅依赖个体，它是个体与群体、内部与外部、理论与实践不断碰撞和影响的持续转化过程①。

因此，教师的专业成长，需要学校"通过创建团队、搭建交流平台，让教师群体参与其中，促进实践性知识在教师个体之间发生流动"②。

从这个理论看传统的校本研修：专家讲座，关注了内化阶段。听评课，组织教师进行讨论，组织教师与专家面对面，触及了转化阶段。很少有学校能在这两个阶段之后，安排教师在实践中应用新知的外化阶段，以及安排教师分享个体知识使之成为公共知识的俗化过程。这就是校本研修低效的本质原因。

在设计校本研修活动时，要打组合拳，形成连续过程。信息技术手段使内化前移，及时转化，加强外化，督促俗化，避免以往出现的"单向度"的无效研修。要强化联系，形成闭环，让教师通过学习、实践、反思，改变原有思维，促使其专业提升。而解决这些问题，恰当的方式就是混合式校本研修。

解决策略

在"互联网＋"理念与教师培训改革的共同推动下，混合式研修成为当下教师培训的新常态。它针对当前普遍存在的构成要素单一、研修设计封闭、空余时间不一、实践融合不深等问题，进行有效改进。可以说，混合式校本研修是破解研修困境的有效方法，也是未来一个时段内校本研修的主要方式。

混合式研修亦称混合式培训，是混合学习的相关理论和模式在教师培训中的应用。从当前研究来看，混合学习对教师成长具有明显效果。加里·莫特拉姆通过面向曼彻斯特大学在职教师的硕士研究生课程案例进行的研究，认为通过为教师提供相关的、有用的深度学习体验和混合学习，能够促进教师的转变。美国教育部 2010 年发布的报告《基于实践证据的在线学习评价：一种元数据分析和在线学习研究的回顾》指出，对成人和 K12 教师，混合学

①　靳玉乐，殷世东. 生态取向教师专业发展的理念与策略 [J]. 教师教育学报，2014（1）.

②　陈向明. 实践性知识：教师专业发展的知识基础 [J]. 北京大学教育评论，2003（1）.

习能够产生比面对面教学更好的学习结果。郭裕春、贝兰德和施罗德等研究者在混合式学习交互满意度的研究中，通过实验证明了 K12 教师对混合学习表现出较高的满意度[①]。

混合式研修不是简单的"线上＋线下"，不是一会线上，一会线下，而是要充分考虑各自优势，并要规避各自的不足，如开展线上学习、研修等活动，有"任务单"相匹配，开展线下研讨，要围绕学习时产生的问题，侧重于成果的形成。

对于混合式校本研修，其关键要素如下图：

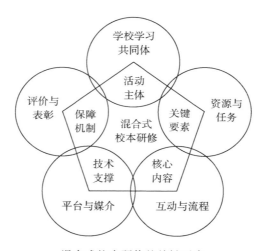

混合式校本研修的关键要素

一、学习共同体是混合式校本研修活动的主体

在混合式校本研修过程中，要着力建构学习共同体，特别是要建构教师自愿结合而成的学习型组织。学习共同体构成的人员主要有三类：第一类人员是广大教师；第二类是县区级教研员、研修管理员、研修辅导员，他们是研修活动的设计者、管理者、主持者，是凝聚团队的组织者、专业发展的引领者，是学习共同体承上启下的中坚力量；第三类人是学科带头人、学科专家、教授、教师教育专家等，他们的职责主要是培训、答疑、指导，对区域

---

① 魏非，李树培. 混合式研修：内涵、现状与改进策略 [J]. 教师教育研究，2017（5）.

教师专业发展计划进行制定，为学习方式的设计等重大决策提供咨询与指导。

组建一个怎样的学习共同体，能有利于教师在学习组织中实现快速专业成长？很明显，一个运行良好的学习共同体，要具备以下几个条件：一是自主建构。当前很多教师学习共同体是由行政塑造的，它源于上级部门或学校领导的要求，按一定的组织程序建立，成员是被指定且相对固定的，团队结构较为稳定，但不利于团队的发展。比较理想的学习共同体是拥有共同的发展愿景、基于共同的研修主题、自愿组合的，这样的团队有共同为之努力的目标。二是优化组成。在一个良好的学习共同体中，有不同角色的三类人员，他们各自角色不同、分工不同、分析问题的角度不同，互为帮助，互为补充。三是有负责的管理者。学习共同体的管理者，要有清晰的研修任务与路径，能组织与带动成员学习、分享，让每一个研修者体会到成长的快乐，感受到团队的温暖。

二、资源与任务是混合式校本研修的关键

资源创建与流动是开展有效混合式校本研修的基础。与传统的校本研修相比，混合式校本研修可以对资源先自学，再讨论，再反思，再学习等，这一过程是对资源的"反复加工"，正是在反反复复中，使之不断被吸收、内化。

教师研修的资源主要分为三类：一是教学资源，包括教材介绍、教学课件、教案、案例、试题、媒体素材、专题讲座、文献资料、学生作品等；二是专题讨论话题资源，包括备课研课、观课评课、案例研讨、主题研讨等；三是个人日志资源，包括成长笔记、教学反思、教育叙事、教育评论、心情故事、个人随笔等[①]。

混合式校本研修要在任务驱动下，促使成员或教师学习提供的相关资源，在学习过程中，吸收相关的理论与实践知识，并提出自己的问题或困惑，针对这些问题或困惑组织者再结合教学实践组织研讨。

三、互动与交流是混合式校本研修的核心

混合式校本研修的目的就是促进信息在教师间的有效流动。有效的校本

研修，就是学习共同体成员间的深度互动。组织者要特别关注教师在研修各个环节中的互动程度，以任务或问题来驱动互动发生，让专家引领教师走向深度互动。可以说，互动是研修活动的命脉，没有互动，校本研修就没有发生。

常见的研修活动包括：围绕专业培训展开的学术报告、专题讨论、专家讲座、在线课程等；围绕课堂教学展开的集体备课、观课议课、在线研讨、视频案例学习等；围绕知行结合的专题开展的实践观摩、合作科研、主题研修等。在这些活动中，互动主要体现为交流和共享两大类型，可以是同步或异步的，也可以是面对面或线上的。在这方面，加拿大学者 Anderson 提出的"等效交互理论"认为：在线上教学活动的三种主要交互形式（学生—教师、学生—学生、学生—内容）中，只要其中的某一种交互处于高水平，其他两种形式的交互即使水平较低，甚至不存在，也都足以产生深度、有意义的学习，而且不会降低学生的学习体验[①]。因此，在 Anderson 看来，教师可以根据学习内容、学习对象、技术成长、时间限制等因素，设计某一类适宜的线上交互活动，而不必面面俱到。

四、平台与媒介是混合式校本研修的支持

1. 技术使研修更加便捷

随着教育信息化的发展和普及，基于网络研修平台、学习空间等进行校本研修已成为普遍，网络教研活动打破了传统意义上教师培训在时间和空间上的局限，引起了许多教师的关注。因为它有使用起来极为便捷的特点，教师对其表现出极大的热情，这条高速公路，使不同地域的研修成员间、成员与专家间，以及学校间的交流互动成为可能。在适量、适当、适时的原则下开展校本研修，并使之得以顺利进行，会极大地推动教师的专业成长。

2. 技术有助于实现精准研修

以往的校本研修都是凭借经验，对教师的研修需求把握也不是很准。随着技术的发展，"教师在研修中如何获得数据支撑""如何打造适合所有教师的研修方案""如何更好地拓宽研修的途径，按需进行研修"等制约校本研修

---

① 辛竹叶，魏宁. 后疫情时代，如何设计有效的线上线下融合教学［J］. 中小学信息技术教育，2021（4）.

的问题得到解决。例如，华师大四附中基于研修平台的"大数据＋科学诊断""分层＋按需研修""个性定制＋碎片化利用"等学校研修策略，借助诊断工具和实证数据，引导教师学会自我诊断和相互问诊，使精准校本研修成为可能[①]。

首先，平台对课堂教学等教研活动进行数据采集。其次，后台针对课堂中的师生行为，根据需要研修的"点"，设立不同分析维度及相关指标，对课堂教学行为进行智能的分析与诊断，形成诊断报告，这就相当于患者到医院就医，通过仪器化验对身体的各项指标进行化验。再次，根据后台提供的数据，教研员或学校可以找出课堂教学中存在的最大问题，使教研更有针对性、更精准，并用数据说话，给出相应的改进建议。这改变了传统单纯凭借个人价值观和经验的听评课方式，而这种有针对性的精准教研将极大地提高教研实效，这也是今后混合式校本研修的发展趋势。

3. 技术有助于校本资源库的建设

校本研修的资源是学校的宝贵财富。教师通过嵌入研修过程的资源上传、遴选和精品资源生成机制，逐步积累本土化优质课程资源库，通过资源库实现资源的积累，为今后的校本研修奠定坚实的基础。

五、评价与奖励是混合式校本研修的保障

制度是行为的保障，良好的制度是校本教学研修有序、有效开展的保证。但制度是注重管理人，还是事呢？是注重管理结果，还是管理过程呢？是为了激发，还是为了惩罚呢？纵观中小学的各项规章制度，一般是以这样的语气叙述的：不准……要……如果……罚（扣）……完全是站在教师的对立面来管理教师的，这样的管理，教师又如何有工作积极性与热情？王洁在《知识管理视野下的校本教研制度》一文中谈道，知识管理关注隐性知识向显性知识的转化，知识管理旨在建立有利于知识交流与分享的组织文化等[②]。知识管理视角下的制度，其出发点不是"管人"，而是"做事"，它是通过对个人知识、群体知识的管理，让知识在群体中流动、分享，使其中最有价值的东西发挥作用，从根本上来说，它是为了提高每个成员的基本素质。

[①]　李树培，魏非. 中小学校本研修的问题、缘由与路径［J］. 教师教育研究，2019，31（02）.

[②]　王洁. 知识管理视野下的校本教研制度［J］. 基础教育课程，2007（7）.

在混合式校本研修中，教师在同一平台上分享交流各自的教学经验，许多思想的火花在网络上相互碰撞，点击率、上传资料的多少及价值就成了评价的原始资料。点击率、下载次数、发表评论数、被评论数、提供资源情况等统计内容，使教师在知识共享中得到满足，在键盘敲打中获得成功的喜悦。这种校本研修制度改变了原先任务布置多、深入研讨少的状况，它让教师在思考与快乐中彼此分享各自的经验。

对于在校本研修中表现出色的老师，可以通过发布、发表等多种方式予以表彰和奖励，以激发教师研修的主动性。

样例展示

西安某小学混合式校本研修方案

西安某小学，为全面促进信息技术与教育教学融合创新发展，特制定校本研修方案。

一、相关任务的确立

经过反复商讨，现将全体教师以教研组为单位，分为八个研修团队，在坊主的带领下各自开展主题研修。语文组、英语组、数学组、音乐组、美术组和科学组重点关注优质数字教学资源开发与应用和课堂教学活动创新；体育组重点关注数据驱动的教学和技术环境中的自主研发；微视频组则重点关注优质数字教学资源开发与应用和混合式教学设计与实施。

二、自主网络研修

1. 线上自主研修。各研修团队研修的第一步是参加网络平台学习。教师要自行进行线上自主研修，写出自己的感受及相关问题，并完成"任务单"的填写。

时间：两周。

2. 组织线上研讨。两周后，各坊主组织教师线上研讨，可以自行联络区域内学科专家参与研讨，针对自主研修过程中遇到的问题提出自己的困惑。大多数研修团队，要在线上进行交流、研讨。

时间：一周。

3. 线上答疑解惑。针对研修团队中的共性问题，学校聘请专家对教师提出的困惑进行有针对性的解答。针对技术在课堂教学中什么情况下应用、如何应用的问题，对教师进行培训，以使信息技术能切实为课堂教学服务。

时间：一周。

4. 组织线上再学习。教研组结合专家意见，对技术在课堂教学中的应用进行再学习，进一步内化，主要研究如何将技术更好地应用于教学，做到课堂教学"技术无痕，技术有效"，让技术成为重构教学的有力支撑。

时间：一周。

5. 线下研讨与制作。根据学习的内容，各学科研修团队在集体备课的基础上，认真商讨存在的问题与解决的办法。尤其是视频材料，都是在研修团队共同研究的基础之上，找准了关键点才开始制作的，并将相应的研修成果进行汇总、提交，使之成为学校的优质资源库。

时间：二周。

6. 组织教学听评课。在线上组织教师将信息技术用于课堂教学，并重点围绕信息技术在课上应用的效果进行研讨。这节课中哪几个环节体现了与信息技术的融合？信息技术介入到课堂教学中，到底起了怎样的作用？还有什么应用策略，能让教学效果更突出？对这些问题的研讨，能使信息技术切实为教师的课堂教学服务。

时间：四周。

7. 线上撰写感受并分享。组织教师在线上撰写学习感受并分享。每位老师都要选择两位老师的信息技术在教学中的应用情况进行点评，以更加深入地学习与理解技术与课堂教学的融合创新方法。在此基础上，各教师对比自己的技术应用，尝试修改。最后，学校组织教师进行网上展评，通过投票的方式，选出优秀的融合案例，并组织展示专场，进行全校范围内的交流，让大家在这样的研修中学到新技能，开拓新思路，以便对课堂教学的"融合创新"有更多的应用策略。

时间：一周。

8. 全体教师自行修正。教师根据听评课，认真思考信息技术在课堂教学中的运用情况，进行修正。

时间：一周。

9. 教师将最后修改的信息技术与课堂教学融合案例片段放在校园网上进行展评，全体教师以点赞的方式选出"课堂教学最佳融合教师"10名。

时间：一周。

10. 领导小组。略。

【样例评析】

案例中的学校信息技术与课堂教学融合还处于初步探索阶段，其优点主要有以下三点。

一、设计思路清晰

这所学校整个研修过程特色鲜明，逻辑性强，以"信息技术与课堂教学融合"这个任务驱动教师学习，以"学习后的问题"为切入点，组织组内教师进行研讨。提出问题的前提是深入学习，通过提出问题，可以督促教师认真观看网络学习资源，特别是将研讨结果应用于课堂教学，在课堂教学实践中验证信息技术与课堂教学融合的科学性，进而不断优化与变革课堂教学。

二、建立研修团队

学校将全校教师分成八个研修团队，组员自由报名参加，由八个坊主带领本组成员进行研修，这样每个组员都能找到自己喜欢的项目团队，老师们就有了归属感，自然能够积极主动参与研修。

三、开展混合式研修

随着社会的发展，混合式校本研修已成为校本研修的主要形式。

此案例通过线上与线下相结合的方式，将教师自学、同伴互助、专家引领有机地融合，使研修更具有实效。学校在线上开展学习、研讨、答疑等活动，让大家在开放的平台中发表自己的见解，线下再将这些研讨的内容进行转化，进一步进行研讨与设计制作。当然，混合式校本研修不仅是线上与线下的混合，还强调"教为中心"与"学为中心"教学模式的混合，强调的是面授学习、自主学习和在线协作学习的混合。

第二章
校本研修的目标与主题

开 篇 小 语

    "There's no great genius without great wish." 没有伟大的愿望，就没有伟大的天才。巴尔扎克的这句名言，告诉我们目标对于一个人的重要性。伟大的人生是从树立清晰而明确的目标开始的，对于一所学校来说，也应该如此。

    学校发展，是时代赋予教育的重要使命，也是社会对优质教育的诉求，更是任何一位校长心中迫切的愿望。学校发展的要素有很多，愿景与目标非常关键，它给了我们一个清晰的、看得见的美好图景，是我们努力的方向，也是对我们无形的鞭策。学校通过愿景与目标凝聚人心，激发斗志，约束行为，全体教职员工努力奋斗实现这些目标，就会有成就感。而且伴随着总目标中一个又一个分解的小目标的实现，老师们的思维方式与行为方式也会渐渐改变，会越来越快乐，越来越感受到职业的幸福。

第一节　学校校本研修的目标的确立

管理大师拿破仑·希尔曾经说过："目标，必须是清晰而具体化的。"有效的研修是研修组织者与参研者知道希望达到的目标是什么。

目标很重要，学校在制定发展目标时，要思考：学校发展目标如何确立？学校发展目标与校本研修的目标是怎样的关系？在制定研修目标时，重要的依据是什么？制定目标的方法又有哪些？学校面临的问题该如何转化为发展目标？

案例启思

张主任是广州市某区的教研室主任，在到基层学校调研时，基层学校的校长自豪地讲："我们学校特别重视校本研修，本着'问题就是课题，反思就是研究，成长就是成果'的科研理念，按照'低台阶、快节奏、求实效'的原则，有计划、有秩序地认真扎实地开展课堂研究。每名教师都确立一个小课题进行研究，课题覆盖率100％，形成了'本土化行动、低重心运行、小步子发展'的校本研修工作新思路、新途径……"

张主任听了以后，问校长："你们学校的发展特色是什么？"校长干脆地回答："信息化。我们学校刚被评为信息化实验校。"

张主任让校长找几位老师座谈。座谈会上，张主任说："请大家都说一说自己的课题名称。"

"我研究的课题是'信息技术与课堂教学的融合'。"

"我研究的课题是'学生合作习惯的形成'。"

"我研究的课题名称是'学生思维力的培养与训练'。"

"我研究的课题名称是'低年级学生如何提高口算能力'。"

……

张主任接着问："那大家再说一说，你们的研究使教学都有哪些改进？给教学带来了哪些变化？给学校带来了哪些改变？"

老师们一片寂静。

问题剖析

上述的案例，反映了部分学校在开展校本研修时急功近利的思想。校长对校本研修的内涵理解不深、目的不明，对校本研修的组织不到位，贪多求全，好大喜功，这样，工作只能停留在表面，既浪费了时间，又浪费了精力，对学校的发展所起的作用也微乎其微。

在社会转型的关键时刻，我国教育领域尤其是基础教育领域的改革进行得如火如荼。当我们为此欢欣鼓舞之时，也应该看到微观层面存在的问题。就学校层面而言，学校的可持续发展问题是今后相当长一段时间内必须解决好的根本性问题。从总体上来说，当前学校发展中的问题就是缺乏目标感和方向感。在调研中发现，校长们普遍感到："作为校长，每天早来晚走，贪黑起早，可以说是学校最敬业的人，但为什么学校始终不见起色，还是'涛声依旧'呢？"仔细分析起来，校长们的困惑主要源于对所要做的事缺少明确性，或是没有明确的目标，或是目标定位不当，或是不知道怎样达到目标，以至于遇到困难不知所措，在模仿中丢失自我，在探索中迷失方向。其主要表现在以下几个方面：

一是学校理念目标华而不实。经过多年的学习与"洗脑"，不少学校不仅有理念，而且很先进，校长话语里的新观念、新思想、新创词比比皆是，层出不穷。其实，当下不缺思想，缺的是把这些思想落到实处。在现实中，相当多的一部分学校只是"将理念上墙"，而实际工作还处于一种凭经验做事、落实相关文件精神的"惯性"状态，对学校的发展缺乏整体认识，缺乏系统设计，缺乏结合自身确立的学校发展目标。

学校的发展目标确实应远大，但华而不实等于没有目标，没有目标也就不存在任务的分解与落实，学校自然就处于一种"习以为常"的循环工作状态。所以，学校发展目标宁可实而不华，也不能华而不实。

目标对学校的发展而言意义重大。通常情况下，学校发展的非线性模式为"行动—结果—目标"，线性模式是"目标—行动—结果"。理论与常识均表明：按计划行事会有更好的结果。做任何事情都是这样，有目标的发展要优于无目标的发展。校长和老师如果对发展的目标"茫然"，那么行动自然是"盲目"与"忙碌"的。

当一所学校发展目标不清的时候，校长与老师会每天忙于工作应对，落实各项文件要求，最终发展效果不明显、不理想。

确定学校的发展目标后，要做到让全体教师知晓，即通过目标来凝聚人心。一个美好的愿景和目标能够激发人们发自内心的力量，激发人们强大的凝聚力和向心力。在学校里，因为不明确方向，从校长到教师虽然都很忙，但几乎都处于一种个体单干的松散工作状态，没有主体意识，只是被动地完成任务，这样就会缺少有凝聚力的团队力量。正如彼得·圣吉在《第五项修炼》一书中所说："如果没有一个拉力把人们拉向真正想要实现的目标，维持现状的力量将牢不可破。"一所学校最大的悲哀就是年复一年地重复过去的路，上述案例，就是这样一个证明。

二是学校缺少明确的发展思路。部分学校的工作是简单的"任务驱动式"，上级来了什么任务，我们就认真完成什么任务，因而学校的工作计划往往都是"短期"或是"短命"的，通常以完成工作任务为主线，而非按照办学的目标和清晰的发展思路去设计工作，多是完成一件算一件，干一年算一年，追求平稳地完成任务。有的学校校长对下列几个问题的答案几乎是毫无头绪："学校是从何而来？学校又是如何走过来的？学校的未来要走向何方？学校还要经过什么样的努力才能抵达？"校长如果没有清晰的答案，那只能是"脚踩西瓜皮，滑到哪里算哪里"。

学校在明确目标后，就要有可行的发展策略，并对具体的策略进行工作任务分解，制订时间表、路线图，分部门、分年度、分学期或月落实行动计划，让每一个部门、每一个人都有具体明确的目标任务，便于行动和实际操作。在实施过程中，要在每月或学期对工作进行评估，再在评估的基础上修正，并制订下一年度或学期的工作行动计划，以保证实施中行动的有效性。

在制订行动计划时，一定要考虑到负责实施行动的管理者，以及具体监控和评价的组织者。行动计划的时限须明确，什么时候开始行动、什么时候监控、什么时候评价与总结等都应明确。在实施行动计划时，会遇到许多新情况和新问题，所以要把规划或计划看成动态可变的、可以调适的，应当允许根据实际发生情况对计划进行修改，不断地将原计划中存在的问题进行调整和完善，不强求一成不变。

三是学校缺乏全局的发展思想。学校偏重于某一方面的工作，对学校的发展缺乏整体谋划的思想，于是出现了"分数校长""公关校长""基建校长""安全校长"等。这样的校长管理学校必然是顾此失彼，缺乏全局统筹思想。学校本身就是一个整体，所有的工作指向都应该是学校的发展目标，而不应把某项工作作为特色，而忽视学校的整体提升和可持续发展。

很明显，案例中的校长没有明确的学校发展目标或课堂教学改进目标，也没有校本研修的主题，学校教师个体的研究表面丰富多彩，实则各自为战，每位教师都是为了研究而研究，任务发散而没有形成发展合力，这样就会出现"为了完成工作而工作"的现象：虽然比较忙碌，但收效甚微，学校基本处于"原地不动"状态。

学校要想前进，就应该上下一心，共同朝着目标努力，而不能像《动物拉车》那样，虽然大家都很努力，但方向不一致，力量就会分解，"车"就无法前进。

小课题研究是校本研修的一种有效形式，但一定要基于校长和教师们能明确学校具有的优势与不足，特别是要厘清学校的问题，了解学校的发展方向、清楚学校愿景与目标这些核心与关键的问题，只有这样，校本研修才能凸显出它的价值，才能有效促进学校、教师和学生的发展。

解决策略

心理学大师马斯洛曾说："杰出团队的显著特征，便是拥有共同的愿景与目的。"学校也是一个团队，其整体掌控权在校长手中，要想凝聚全体师生，共同寻找学校未来的航向，学校管理者就必须学会用愿景驱动管理学校，实行愿景驱动下的校本研修。

一所学校的生存与发展，取决于多种条件，而其中，制订一个科学的、切实可行的学校发展规划是关键因素。规划也是目标，目标具有导向作用，正确的目标可以引导学校不断发展，反之，则会使学校原地踏步。从某种角度讲，对学校而言，学校进行的任何重大改革，本质上讲都是对学校进行重新设计，而是否成功，首要的就在于是否确定了适合的发展目标，以及目标的达成度。

西方国家对学校发展规划的解释为：通过学校共同体成员的共同努力，系统地分析学校原有的基础及学校所处的环境，发现学校的优先发展项目，确定学校的发展方向和教育目标，促使学校挖掘自身的潜在资源，按照自己的价值观提高学校的管理效能，最终提高学校的教育质量。新时代，学校又如何制定发展目标呢？

确立学校的发展目标，就是确定学校的发展方向。学校的发展目标，就是学校对自身未来发展的设定。发展目标会告诉我们学校要办成什么样子，它是对学校未来发展的一种期望和描述。校长作为规划学校蓝图的设计师，应在深刻分析学校发展的历史现状、科学预测未来发展趋势的基础上，根据国家的教育方针政策和相关法律规则，融合校长个人理想、信念和价值观，对学校发展方向进行正确定位，加强校本研修，提高课堂质量，打造学校品牌，并通过评价反馈及时进行调整，以实现学校的战略发展目标。

一、分析学校当前现状

当前，时代的发展，使教师信息技术应用能力越来越重要。学校如要发展教师信息技术应用能力，就要清楚"学校的信息化发展目标"是为学校的总体发展目标服务的，是学校在自身文化传统、现实形态和愿景展望的基础上，按照预期目标，对学校信息化发展的全局做出的符合学校发展规律的规划。学校信息化目标的设定，要基于国家信息化发展总体目标这一基础，研究如何结合本地区的信息化环境以及本校的信息技术应用能力，确定合理的、可实现的目标。

作为校长，要认真分析学校现状，这是清楚"家"里有什么，以制定出符合学校实际的发展目标。一般情况下，可以采用 SWOT 分析法来对学校进行分析。SWOT 分析法，又称态势分析法，是基于事物内外部因素和竞争环境的态势分析，其中 S 是指 Strength（优势）、W 是指 Weakness（劣势）、O 是指 Opportunity（机会）、T 是指 Threat（威胁），通过综合分析该事物的优势、劣势、机会与威胁，最终能得出一系列的结论，并提出相应的决策性观点。

比如，对某校的"教师资源"进行了 SWOT 分析：

优势（Strength）：学校年轻人多，对教学工作有责任感，年富力强，积极肯干。

劣势（Weakness）：年轻教师的经验、成熟度不足，课堂教学能力不足；另外，学校缺乏专家指导。

机会（Opportunity）：区进修学校综合考量，将该学校作为"教育信息化实验校"，探索 2.0 工程落地的具体措施与办法。

威胁（Threat）：无相关经验借鉴，一切从零开始。

在"学校信息化建设"方面的 SWOT 分析：

优势（Strength）：教育部门政策法规的支持，如《中国教育现代化2035》《教育信息化 2.0 行动计划》《关于全面深化新时代教师队伍建设的指导意见》等文件的支持；学校曾经在全区内最早使用多媒体手段教学，也是全区第一家使用电子教案的，教师信息化基本功较强。尤其是最近，全校为各班统一更换了一体机。

劣势（Weakness）：教师角色与学生角色转变面临挑战；客观上学校网速较慢，对教学也会产生一定影响；教师在信息化应用方面处于浅层阶段，信息技术应用形式化、简单化，有时过分创设情境，分散了学生的注意力；部分年轻教师过分强调信息技术的应用，忽视学科的特点。总体上说，信息技术并没有对课堂教学产生优化与变革。

机会（Opportunity）：借助教育信息化实验校契机，与时俱进，研究新时代背景下，信息技术与课堂教学深度融合问题。

威胁（Threat）：在教师方面，个别教师习惯于使用传统教学方法，如何培养教师应用信息化教学能力做好知识与技术的融合，无疑是一个巨大的挑战。在学生方面，面对学习终端，相对于教师的知识呈现，游戏、动画片更具有诱惑力。

经过分析，特别是 2020 年，在教育部要求"停课不停教，停课不停学"的指导方针下，各级学校纷纷开展网络教学，针对这一情况，教师信息技术应用能力提升就更显重要。

SWOT 分析不是为了分析而分析，其分析后的结果要与学校的整个发展相关联，其重要目的是要找出学校的真问题，通过对问题的解决，促进学校的发展。

二、发展目标制定思路

制定学校发展目标，要在学校环境和教师应用大坐标中去分析，并认真思考以下三个分析维度：一是信息化常态应用；二是前沿技术探索；三是教育改革诉求。

我们只有充分认识学校信息化发展现状，准确把握信息化发展方向，利用现代技术，满足"学有所教"向"学有优教"转变，才有可能确定适合学校发展的目标，从而完成高质量的办学需求。

（一）常态化应用

一所学校，信息化发展水平最明显的标志就是学校信息化设备和手段能否常态化应用到教育教学中去，能否将现有的信息化环境充分利用好，为教师的教和学生的学提供有效的支持。

（二）前沿技术探索

学校的信息化水平，很大程度上取决于学校是否具有现代化的网络学习环境，是否有教师主动尝试、探索前沿技术，并有效应用于教育教学。随着"互联网＋"时代的到来，学生的学习方式和途径都发生了巨大的变化，云计算、大数据、物联网、人工智能已经走近中小学，对于网络平台、学习空间、电子书包，以及学习分析软件、教学软件、手机 APP 等技术，学校是否组织教师在教学中探索使用，并且取得了优化教学的效果呢？

（三）教育改革诉求

今天，一切学习的新态势，都在提醒我们，学校已经是一个开放的社会组织，科技的迅猛发展，带给学校前所未有的挑战。变革已经势在必行，我们都将参与这场变革，并用一往无前去面对社会的诉求、世界心跳与未来的呼唤。信息技术是很好的变革手段或者契机，我们只要明确学校的信息化发展目标，并将目标落到实处，就会在改革的浪潮中掀起引人瞩目的浪花，成为变革的新亮点。

三、发展目标的制定方法

确定学校发展目标，要结合学校的实际情况，在原有的发展的基础上，为学校发展注入时代元素。

（一）从学校面临的问题切入，确立信息化目标

学校发展规划是为了解决学校发展过程中遇到的问题而制订的，如果缺少了拟解决的问题，就等于没有了出发点，就会缺乏针对性，所制订的发展规划也就失去了存在的意义。很多学校提出的问题大都是浅层次的、随机出现的，还有的现象与问题杂糅，缺乏对现象与问题的区分，更缺乏对现象背后问题的归类与分析，如此一来，所谓的问题不过是"假问题"而已。在缺乏"真问题"的前提下，校长无论如何努力，都不可能制定出科学合理的学

校发展规划。

（二）从办学特色升华信息化目标

许多学校在长期的办学过程中，形成了鲜明的学校特色，这些特色大多是关于办学理念、办学行为的，或者是关于办学思想的，体现了学校的办学优势，在一定程度上成为学校对内凝聚人心、对外宣传品牌的文化符号，更是支撑学校发展的核心动力。而在信息化迅速发展的今天，学校要充分利用现代信息技术，丰富并创新课程形式，构建教育质量评估监测机制，建立更加科学公正的考试评价制度，在国家要求和学校原有的办学特色中，找到一个合适的技术服务于教学，全方位促进学校发展，提升原有的品牌效应。

（三）从历史传统凝练信息化目标

如今不少学校，历史传统延续很好，它们把传统历史当作学校发展的重要资源。比如石家庄市某小学，凭借毗邻先贤圣地"文庙"的地缘优势，以传统文化教育为特色，秉承"文化立校、质量强校、品牌兴校"的发展理念，以帮助学生打好语言文字基础、增强文化认知、拓展兴趣爱好、提升道德修养、培养和美少年为目标，围绕"三礼、四节、五活动"的特色校本课程，广泛开展各级各类传统文化教育活动，挖掘顺应教育规律与兼顾个体差异、顺应时代发展与兼顾家长需求的结合点，深入实施"和美教育"育人工程，精心打造传统文化教育品牌，探索出一条特色发展之路。站在新时代，校长组织教师研究、谋划如何利用互联网技术，更好地弘扬学校的传统文化，如何促进信息技术与传统文化教学的有机融合，使其成为学校新的亮点。

再比如，山东某回族小学，是山东省民族教育窗口校，学校以"对民族未来负责，为学生一生奠基"为办学宗旨，大力弘扬"传承民族文化"的办学特色，以"自主教育"为办学理念，形成自主管理、自主学习、自主发展、自主评价的发展格局。2020年，全国各地各级学校，均依托在线平台，积极开展线上授课和线上学习等在线教学活动。网络教学最大的优点在于打破了教学开展的时空限制，当正常的教育活动无法在线下固定场所开展时，网络便成了最好的选择，可以让师生在任何环境中进行教学与学习。但网络教学的最大弊端是对于某些自主性较差、不够自觉的学生而言，缺乏监管，平时教师的在场监督能使他们专注学习，而网络教学弱化甚至失去了教师的现场监督，他们便经常性分心。在这个回族小学，校长就提出将"互联网＋环境下的自主学习"作为学校新学期的发展目标，努力创建生态、自主、智能、融合的特色学校。

很多学校传统文化鲜明，随着时代的发展，学校要让传统文化富于现代气息。因此，学校的信息化发展目标，可以考虑跟传统的文化相结合，在原有的基础上再进一步，这不仅是对原有传统的深化，还有可能实现更高级的办学品质，让传统的更经典，让经典的远流传。

（四）从实践经历生发信息化目标

每一所学校，都是随着时代的发展而不断变化的。随着信息化的发展，学校信息化管理也日新月异，不断发展，不断更新。下面是一所百年老校的信息化发展历程。

长春市某小学于 2011 年在全国范围内率先提出了"绿色教育"的办学理念："关爱生命·注重发展·彰显内涵。"在绿色教育理念的引领下，该校始终坚持走信息化强校之路，已形成了以"科技教育、信息教育、创客教育"为主干的智慧校园办学特色，在省内外产生重大影响。该校在信息化发展的道路上，努力实现"无处不在的网络学习、融合创新的网络科研、透明高效的校务治理、方便周到的校园生活"。结合这些实践和探索，该校确立了明确的信息化发展目标：以科技促人文，以绿色教育引领智慧校园新发展。

从该校的实践经历中生发信息化的发展目标，这也是很好的一种策略，这样会让目标有的放矢，让希望在实践和探索中得以实现。

（五）从发展契机确立信息化目标

技术是用来做什么的？毋庸置疑，技术是用来解决问题的。教育信息化的作用，必然是用来解决教育教学中的问题。利用现代信息技术，可以实现"从不能变为可能""从小能变为大能"。随着互联网的不断发展，技术正在改变着传统的各行各业，当然，也包含我们的教育，它将打破一切边界，让学习方式和学习思维发生巨大变革。学校可以充分利用现代信息手段，看准技术发展方向，把握技术应用核心，创新教育服务业态，加快推动人才培养模式的改革。

四、谋划发展策略

确立学校发展目标是校长的关键能力。发展目标确定后，如何实现呢？这就需要基于学校面临的问题与挑战，通过群策群力提出解决问题的措施与方法。

不断制定发展目标并不断实现目标的本质是建立一种学校自我分析诊断、自我寻找、克服不足的机制，由此能使学校不断进步，不断提高，开展扎实有效的校本研修。

（一）注意任务分解

学校制订的规划要进行分解。制定好发展目标，只是完成了第一步，学校还要时刻盯着目标，以终为始，将总目标分解成清晰、可测的阶段目标，确立研修主题，以便于操作。

某小学开展"信息技术与课堂教学融合"的校本研修表

序号	目标	内容	时间	负责人	完成情况
1	提高教师信息技术水平	每周一技	每周五推送	信息中心赵主任	
2	学习相关教育理论，提高教师课堂教学能力	每周集体备课	每周二集体备课	语数外学科教导主任	
3	开展融合课研修活动	每双周听评课	课后即研	各科教导主任	
4	展示活动	每学期一次信息技术展示	学期最后一个月	副校长	
5	……				

作为校长，要组织各负责人定期召开进展交流会，了解教师在研修的过程中遇到了什么问题，需要什么样的支持。

只要紧紧抓住研修主题，夯实研修过程，就会取得成效。

（二）组建研修团队

学校要本着自愿结盟的原则，共同组建由技术专家、教研人员、一线教师组成的应用团队、研究团队、保障团队，努力营造"协同合作、优势互补、成果共享"的工作氛围，通过研究"能力点"在课堂教学中的应用效果，不断调整、改进课堂教学，提升教师信息技术应用能力，进而推动学校内涵发展。

（三）加强校本研修

学校发展是不断设立新的目标，不断寻求达标的路径，并通过增强行动力实现目标的过程。可见，学校发展是从学校实际出发的一个不断改进、不断成长的过程。学校发展既然是一个动态的过程，在达标过程中，以校为本的持续研修就显得尤为重要。

一所学校，如果课堂没变，那么无论哪个领域发生了变化，这所学校在本质上是不会改变的。只有课堂改变了，学校才会从根本上发生改变，学生才会真正地发生改变。校本研修，不能脱离这个根本。

在目标定位上，学校信息化发展要将重点确定在信息技术与课堂教学的深度融合方面。研修负责人与研修团队要紧紧围绕主题进行，并采取备课、听评课等常规研修与培训、展示活动相结合的方式，聚焦研修主题，全方位、多角度落实。

在方法手段上，校本研修要丰富多样，避免单调重复，使教师处于枯燥乏味、封闭孤立的自我研修状态；要借助专家、同行的力量，引源头活水。学校不仅要重视校本研修外显出来的知识、技能，而且不能忽视内隐的自我价值认同、自我效能感、思维品质等影响教师专业发展的因素。

在管理方式上，校长作为学校改革发展的带头人，担负着引领学校和老师发展，促进学生全方位发展与个性发展的重任。校长可采取"应用驱动"的方式，关注"用"的常态，强调"用"的效果，通过推进信息技术与教育教学的深度整合，着力解决教学质量不高等难题。

（四）推进机制创新

校长要秉承先进教育理念和管理理念，创建健全学校各项规章制度，完善学校目标管理和绩效管理机制，创新应用机制，激活学校教师内生动力，实施科学管理、民主管理，变"要我用"为"我要用"，提升学校教师信息素养，让广大教师运用信息技术开展教育教学成为教学活动常态，从而推动学校可持续发展。校长在研修过程中，要认真梳理研修过程中遇到的问题，总结研修成果。

五、注意事项

在制定学校发展目标的时候，应注意以下几点。

（一）学校的信息化发展目标要服务于学校整体发展目标

当前中国在线教育发展迅猛，MOOC热潮此起彼伏，尤其是全球的新冠疫情，为教育信息化再添新柴。学校的信息化发展目标的确立，应不是为了信息化而信息化，不能为了完成任务而完成任务。当然，也不能把原有的都推翻重建，而是要在原有的基础上，继续深化。学校信息化发展目标是学校整体发展的一部分，如果学校原来就已经拟定好发展目标，当教育信息化相关文件下达时，作为校长，要认真研究教育信息化的实质，尊重教育规律，要让其与学校的发展目标有效对接，而不能将原有的目标搁置一旁，不管不顾。如有必要，可以通过教育信息化的项目对原有目标进行修订、补充，以使目标更完善、明晰。

（二）学校的发展目标不能空泛

目标很重要，几乎没有一个管理者会否认这一点，有的学校为了追求文字上的格式美，目标往往过于空泛，无法实施。

如某初级中学提出办学总体目标是"学校发展、教师发展、学生发展"，这样的目标没有实际意义，它适合于各种类型学校，适应于不同时期发展的学校，这种"目标"貌似有些标准，其实毫无用处。再如某高级中学学校发展目标是：办一所"德育有特色、教学有质量、办学有影响"的现代化学校。

这个发展目标似乎有一定的状态描述，并分出项目，每个项目也都结合了一些特性与状态，但仍然没有对"特色""质量""影响"等做出具体的"解析"。校长制定目标不是为了给别人看，也不是为了喊口号，而是为了形成大家的共识，让全体教师有努力的方向，在达标的路上，能促进学校的发展。因此，目标具体化更重要，因为只有具体的目标，才能让计划变得切实可行。学校管理者要学会分解目标，让每一个小目标能够达成，最终实现大目标。

（三）学校的发展要进行综合考量

人的成长是一个复杂的系统，教育活动中任何局部的、孤立的和线性的教育决策、方法、行为，都有可能会引起负面的效应。学校发展目标的确定，让我们清楚了努力的方向，但仅有方向远远不够，还涉及组织内部的调适、积极情感的产生、目标达成的难度与任务分解，以及制度与机制保障……只有把这些方面的因素综合在一起，才能使目标有较高的达成度。要学会将目标、情感、机制等问题综合考量，而只进行非线性思考，研修如此，做事如此，人生亦如此。

样例展示

哈尔滨市某小学，在"信息技术与课堂教学融合"的实践中，确立了"信息技术在破解学科教学问题和提高教学质量方面的有效应用"这一具体目标，并开展了内容实用、形式丰富、卓有成效的研修活动。

哈尔滨市某小学信息技术与课堂教学融合实施方案如下：

为进一步贯彻落实《教育信息化2.0行动方案》，学校在实施过程中始终坚持"以校为本、立足岗位、全员应用、整校推进"的发展原则，以"信息技术在破解学科教学问题和提高教学质量方面的有效应用"为发展目标，从提升师生信息技术应用能力向全面提升其信息素养转变，从融合应用向创新发展转变，探索和推进信息技术促进课堂创新融合的新模式。

学校现有在岗教师45人，学生514名，共13个教学班。50岁以上教师占35%，平均年龄46岁，今年9月新分配来两位教师，目前30岁以下教师5

人，无信息技术专业院校毕业教师。

学校优势：网络学习空间的很多功能，如学情检测、微课推送、课前学习、在线检测、课后拓展，为教师微能力点的考核提供了条件，进一步促进了教师对网络学习空间的应用创新。作为全国"人人通网络空间基地校"，学校在"网络空间人人通"建设中做到了"人人有空间，人人用空间，人人建空间"，在应用上做到了全员"课堂用、经常用、普遍用"，实现了教育资源公共服务平台和教育管理公共服务平台融合发展。

学校愿景：变革学习方式，助推学校发展。

发展目标：全体教师利用网络学习空间开放、自主、交互的特点，突破课堂时空界限，实施探究式教学新模式，通过网络空间进行学习评价和问题诊断，促进学科学习方式的改变。

绩效目标：每个年级每个学科由组长和骨干教师在集体备课的基础上，开发导学案与微课，并上传至年级学科的学习空间。全校教师在此基础上，进行个性化修改并使用。

完成时间：一年。

具体任务：

1. 各学科建立信息技术与课堂教学融合的基本模式。

2. 各学科建立两类学习路网资源：一类是适用于优化教学的优质课件资源；另一类是适合变革课堂教学的微课程资源，微课程资源要配备任务单。

3. 各学科要积极探索教学模式在课堂应用的效果，整理好利与弊，尤其是对于信息技术在教学应用中的不足之处，学校会聘请专家进行深入研讨。

4. 各学科形成的优质课，要形成视频，期末全校展播。

考核办法：

1. 以教研组为单位，每个月在全校召开一次课例融合展评活动，每个教研组展示近期研讨的优质教学片段，并评出优秀融合课例。

2. 学期按各组教师获奖情况，评选出优秀学科教研组，给予相应奖励。

【样例评析】

在这个案例中，学校先制定了发展愿景，并根据学校的优势与面临的问题制定了发展目标，然后，在发展目标的导向作用下，充分发挥每个教研组的作用。这个案例最大的特点是学校采取任务驱动的方式，以教研组为单位，对教研组研修成果进行汇集、展评，做到了"整校推进"。

整校推进能集中全体教师力量，向着学校的发展目标前进。整校推进不能简单地理解为学校全体教师都参与这项工作，也不能理解为全校教师都完成既定任务。整校推进的目的是学校发展，其关键在于全体教师通过"信息技术在破解学科教学问题和提高教学质量方面的有效应用"这个主题，开展有效的校本研修，解决学校面临的问题，实现学校既定目标或发展愿景。

在整校推进的流程中，制定发展愿景与目标，是需要校长最先考虑的问题。学校没有愿景和目标就像大海中没有方向的航船。愿景和目标是学校发展的方向，也是核心价值观，是学校文化建设的重要内核，具有导向功能、凝聚功能、激励功能、约束功能、辐射功能和稳定功能，是学校发展不可缺少的精神指南。就学校而言，学校不仅在信息技术与课堂教学融合方面，而且在学校的教育、教学、管理等多方面，都应当体现这样的核心价值理念。

学校要基于当前课堂教学存在的问题或困境，在校长的规划与组织下，全体教师共同参与，开展"愿景驱动、研修促动、成果推动"的校本研修。学校要制定科学合理的愿景、目标，在此基础上，分解任务，组织教师开展校本研修。教师通过研修，掌握了相关技能，并在课堂教学中有效应用，最终会使课堂教学发生改变。也就是说，通过教师对能力点的完成过程，学校能实现课堂教学优化或变革的目标，进而达成学校发展的愿景。

第二节　学校校本研修的主题确立

在校本研修中，"研究什么"是个重要的问题，这也是校本研修的重要特征。明确的研修主题，不仅使校本研修具有方向性，而且会产生强大的"号召力"，能够激发教师的研修热情，激活教师的研修动机，集聚教师的研修能量。学校确立校本研修主题，需要思考：如何确立校本研修主题？研修主题与学校发展目标是何关系？研修主题确立时应该有哪些注意事项？只教不研、真教假研的现象如何解决？

案例启思

李校长是一所小学的校长，近期，他们学校确立了以"课堂教学改进"为主题的听评课研修活动。

今天共有三位老师上研讨课，课后组织开展听评课研讨。评课活动由教学副校长主持。先是三位上课老师向大家介绍自己的教学设计思路和教学反思，接着同学科的老师对所听的课进行点评。

张老师说：三位教师的教学基本功扎实，教学语言准确生动，课堂上充分激发了学生的主动性和积极性，做到了师生互动。课上视频的播放，突出了教学重点，突破了教学难点，取得了良好的教学效果。

李老师说：数学这节课最为可贵的是，小尹老师关注了学生的学习状态，注重培养学生的核心素养，把学生当成了课堂的主体。

另外一位李老师说：尹老师虽然年轻，但课堂教学非常老练，教学重点突出，体现了转化这一数学思想，学生学习兴趣盎然，教学效果很好。

刘老师说：王老师的语文课，教学设计非常好，引入环节很精彩，教学目标特别准确，各个环节衔接非常恰当，语文味十足，比如，抓住了关键词理解全文。老师善于引导，学生参与面广，特别值得我们学习。

……

每位老师谈得都很详细与具体，从课程标准到教法算理，从教学流程到教学细节，从教师素质到学生表现，大多讲这节课的优点，对于课堂教学中存在的缺点或不足，一带而过或干脆回避不谈。教导主任似乎也发现了这个问题，进行了一点干预，但效果并不理想。整个教研活动在热热闹闹中圆满结束。

最后副校长进行了简单的小结：大家重点谈了每节课的优点，但更希望大家多谈一谈需要改进的地方。本学期，我们会继续开展课堂教学研讨，以提高课堂教学实效。

问题剖析

目前的校本研修普遍存在李校长所在学校的"真教假研""重教轻研""只教不研"等现象。在校本研修时，如果缺少校本研修的整体设计，缺乏开展活动的系统性，缺失经验总结理论提升以及规律的探索，就很难达到研修的目标。

一、研修的范围过于宽泛

教师在进行校本研修时，要针对某一专题进行，而不应面面俱到，眉毛胡子一把抓。在确定校本研修目标时，往往因为盲目性、短效性、模糊性等问题，致使校本研修在外延定位上出现范围"大"而"泛"的现象，当然，也不应"过于狭窄"；在内涵定位上对目标也存在期望"过高"或"过低"的现象，这些脱离实践基础和脱离校本工作实际的问题，是影响教师开展有效研修的不利因素。

二、难以引发教师教研的兴趣

教师的校本研修要达到较理想的研修效果，就要做到"三有"：有能引发其思考的研修问题，有相关的任务驱动，有研修活动的组织管理。否则，在评课时，就会出现案例中的现象，老师们碍于同事之间的关系，评课成了"唱赞歌"，什么好听说什么，专拣优点讲，对不足轻描淡写，一带而过。还有的听评课，领导声音多，是标准的"灌输式"，老师们消极应对，相互间交流的话题很少，课堂上出现的问题没有得到解决，导致校本研修结果一无所获。这样的研修只有活动的形式，没有实效，会出现"教而不研""愿教不愿研""会教不会研"的现象，使研修活动流于形式。

另外，更有甚者，一些学校为了迎接检查，让教师坐成一圈，拍几张照片作为教研记录，并让教师人人编写教研体会，如此研修除了浪费了教师的时间和精力外，不会起到任何研修作用。

三、缺少专家的指导

学校在进行校本研修时，往往只关注同伴互助，而忽视自我反思与专业引领。校本研修要基于本校但又不能局限于本校，要借助专家的力量使教研更有实效。专家的引领，从宏观上说，有利于教师了解当前教育教学研究的最新动态，有利于对课程改革的背景、过程、发展趋势等有一个全面的认识，有利于教师对教育教学研究的把握；从微观上说，专家的"望、闻、问、切"会使教师对现实的教育细节有更新的思考。最关键的是，专家能帮助老师找到理论与现实的链接点，让教师知其所以然，专家也能以具体的案例深入浅出地剖析课堂教学环节的设计，引领老师们对自己的思考与做法做出正确的判断。

解决策略

案例中的教研场面，大家会经常遇见，教研时大家议论纷纷，好不热闹，但没有实质性收获，其主要原因就在于校本研修缺少主题。如果研修是零散而无重点的，会使参加研修活动的教师缺乏对本次研修活动的认识，把握不住研修的重点和节奏。所以，研修前要确定好研修主题，突出校本研修的针对性。

一、做好主题的规划设计

研修主题的确立需要提前规划。每学期要先确定研修方向，明确本学期的教研活动着重要解决哪几个教学问题。校本研修是教师在学校成就自我、发展学校的研修活动，这种活动必须基于教师的教学工作而展开，不能跟风，也不能流于形式，必须在学校有效的组织下进行。

研修活动中的研究主题切忌大而全、面面俱到，不能眉毛胡子一把抓，也不要试图通过一次或几次研修活动就能解决教学中的所有问题，要引导每位教师通过一次研修活动加深对一个小的研究问题的认识，以"小"见

"大"、见"深",从而不断推进、尝试改进,这才能富有成效。教师上课讲究"一课一得",对于校本研修来说,也是一样的道理,即"一研一得"。

二、校本研修主题的确立方法

1. 根据教师问题确立主题

研修主题的确立,一般是在学校确定研修方向后,教师围绕学校的研修主要内容提出问题。这些问题来源于教师教学中一些小的、具体的问题,是自下而上的。学校对这些小问题再统一规划,进而确定具体的研修主题。正是因为这些问题来自教师教学实践的困惑,所以研修更容易引发教师参与的热情。例如,沈阳市某小学开展了系列教师研修活动,其研修的主题根据教师在教学中的信息技术的应用产生,即根据"信息技术与课堂教学的融合的正误辨析"来展开。有了研修主题,接下来就是按主题来谋划研修活动,如:采取分阶段方式进行研修:第一阶段是专家引领,请行业专家来校讲座;第二阶段为案例研讨,学校及教师将相关的信息技术与课堂教学融合案例进行展评,研讨哪些案例是优质的融合案例,哪些案例是反面典型,教师通过对比总结优质融合课的特点;第三阶段是自我反思,教师在案例研讨的基础上,根据自己所教学科的特点和要求,撰写一份教学设计,备课组、教研组组织研讨交流;第四阶段是开展听评课活动,实验教师执教后,执教教师说课、专家评课,互动交流,共同研讨,共同提升,在研讨中修正改进,再到课堂教学中实践验证。这样,就形成了围绕主题的校本研修闭环。

2. 根据课程本质确立主题

每个学科都有其内在的规律性,如语文教学,大部分老师都忙于"教教材",立足于把课文教透,特别是把课文的思想内容分析透。面对这样偏离了学科本质的现象,可将"语文阅读教学流程设计"确定为校本研修主题,通过开展流程重构,关注学生学习,把最基本的学习时间还给学生,由阅读分析式的"课文内容"向"课程内容"过渡,从"文本解读"走向"阅读能力培养",加强对语文学科教学的深入探讨,增强对学习规律的深度认知。

3. 根据培养目标确立主题

所有的研修最终指向都是促进学生的发展。因此，培养学生学科能力与素养是校本研修的一个重要方面。那么学生的哪些学科素养与能力已经形成？哪些素养又该亟须养成？我们又该从培养学生的哪种能力入手呢？这些，都是我们各学科老师在教学前需要反复讨论的重要问题。如学生"不爱读书""不动脑思考"等问题特别能引起教师的共鸣，那么学校就可以将此作为研修主题，组织教师集体攻关。

4. 根据课题研究确立主题

很多学校都特别重视科研工作，有很多课题被立项，为了提高科研实效，可将小课题研究与校本研修相结合，围绕学校的研修主题确立与之相关的小课题。如学校的研修主题为"互联网＋背景下小学生优良品质培养的途径与策略研究"，那么语文教师、数学教师、英语教师可根据需要，分别确定"互联网＋背景下小学数学学科说讲品质的培养""互联网＋背景下小学生语文学科写作品质提升的培养方法""互联网＋背景下小学英语学科说与写的品质培养"等研究主题，扎实开展研究，既能完成课题研究任务，又能提高课堂教学效率，将科研与教研紧密结合。

5. 根据教师发展确立主题

无论是新教师，还是老教师、骨干教师，每个层面的教师在成长过程中，都会遇到发展的问题，如新教师由于教学实践不足、经验匮乏，他们在课堂教学中往往会遇到许多令他们觉得无法解决的问题，这些问题会成为他们成长中的障碍，如"学生的注意力为什么难以集中""如何提高学生的课堂参与度"等；骨干教师依然也会遇到问题，如课程研发的问题，青年教师培养等问题；老教师有技术应用问题、教学方法更新问题等。学校里每一类教师群体都会遇到与之相应的教学问题，这些都可以经过转化而成为校本研修主题。

三、确立校本研修主题的注意事项

在进行校本研修时，要深入分析课堂教学现象，透过现象看本质，找到既有共性又便于实施的"真问题"，将其确定为研修主题。

1. 确立研修主题要关注过程

确立主题的过程本身就是研究的一部分，主题是伴随着研究与发现而得来的，所以有效的校本研修特别关注主题的发现过程。

2. 确立研修主题要抓住关键

确立的主题不宜过大、过宽泛，要去繁、多、杂、乱，要抓住影响学校发展和教师成长的因素和问题，深入研修。

3. 确立研修主题要系统思考

校本研修是一项系统工程，主题的确立只是这个系统中的一环。系统思考体现在两个方面：一是在针对一个主题的研修时，要学会统筹规划，做到有目标方向、有研修主题、有组织领导、有活动安排、有制度保障、有任务内容，有序推进，高效运作，成就教师，发展学校；二是在针对一个时段的研修时，几个研修主题进行聚焦与组合，破解较大问题。

样例展示

宁波市某小学校本研修方案

按照《中共中央 国务院关于全面深化新时代教师队伍建设改革的意见》决策部署，根据《教育信息化 2.0 行动计划》等文件精神，我校将全面提升教师在课堂教学中的信息技术应用能力，进一步适应基础教育课程改革的需要，实现学校快速发展。

一、学校基本情况

学校始建于 1949 年，1959 年随县城搬迁至现址，并逐步发展为一所九年一贯制学校。全校共有教工 115 人，其中专任教师 89 人，教学班 20 个，在校生 1100 余人。学校有较完备的教学设施，有教学楼两幢，新建实验楼、综艺楼各一幢，其中图书室 2 个，电子阅览室 2 个，大型会议室 1 个，标准微机室 3 个，通用技术教室 2 个。

二、学校现状分析

全校教师信息技术水平参差不齐，大部分教师信息技术应用能力有待于进一步提高。虽然学校信息技术硬件设备在日益完善，但部分教师运用信息技术手段辅助教育教学的意识还不够强，仅限于制作简单的 PPt 教学课件。一些年龄较大的教师还不善于接受新事物，不愿意运用信息技术手段辅助教学，惯于使用"粉笔＋黑板"的授课方式。

由于近两年招聘了部分教师，学校教师的年龄结构发生了变化，年轻教师占比现已接近 50％。

三、学校发展目标

我校将通过信息技术在教育教学中的应用，提高教师的课堂教学能力，改变传统的教学方式；将通过技术介入，让学生真正参与学习，促进教育教学质量的提高。

四、研修主题

信息技术环境下教学实效的研究。

五、具体工作安排

为了达成学校发展目标，学校以教学校长为组长，以教导处各科主任为组员，成立领导小组，开展"34N1"校本研修活动。"34N1"即本学期聘请专家到校培训指导 3 次，开展主题校本研修 4 次，教研组集体备课、研课磨课 N 次，研修成果展示活动 1 次。

（一）专家到校培训

本学期请信息技术与课堂教学融合方面的专家到校指导 3 次，一次是开学初，对全员教师进行信息技术与课堂教学融合培训，重点讲解信息技术在课堂教学中应用的实效案例；一次在学期中，重点针对学校教师教学实践案例，请专家到校答疑解惑；最后一次在学期末，对我校信息技术与课堂教学融合情况进行诊断与总结，共同研究下步研修重点。

技术工具方面的培训，由电教主任负责培训青年教师，并组织青年教师承担本教研组二级培训任务，学校不统一安排时间。

（二）围绕主题开展校本研修

围绕"信息技术环境下教学实效的研究"这个研修主题，学校每个月通过研讨课的方式进行一次集体校本研修。

次数	主题	达成目标
第一次研修主题及目标	围绕"技术支持的学情分析"进行听评课及研讨活动	教师能根据学情进行分析，并以此为教学起点，制定适切的教学目标
第二次研修主题及目标	围绕"技术支持的课堂讲授"开展听评课及研讨活动	对于课堂教学重点、难点，通过技术手段的介入，来为学生的知识理解和建构提供学习支持
第三次研修主题及目标	围绕"任务驱动式的导学案设计"开展听评课及研讨活动	每位教师会制作任务驱动式的导学案，能开发学习任务单，会制作简单实用的微课程，能根据教学实际调整教学流程
第四次研修主题及目标	围绕"学习小组组织与管理"开展听评课活动	教师通过技术支持，能有效提高小组成员对学习活动的参与度

（三）加强教研组教学研讨

各教研组，要根据学校的研修主题及相关时间节点，开展好自主研修活动，时间、频次自定。在研修过程中，教研组长要加强学习，收集相关研修过程中遇到的问题。学校相关要求如下：

1. 线上分享。各教研组依据研修主题，教研组长自行组织组内教师学习，每周指派一人线上分享组内学习成果。

2. 课例研究。各教研组将技术与课堂教学紧密结合，围绕研修主题，指向课堂教学实效，切实开展好听评课等研修活动。

3. 成果积累。各教研组开展的培训、学习、研讨等研修活动，要做好记录，重点要梳理出研修成果。

（四）开展校本研修展示活动

学期末，将组织全体教师进行一次集中的研修成果汇报展示，展示活动分为五部分：一是优秀教研组展示分享；二是优秀个人展示分享；三是专家点评；四是表彰活动；五是工作总结及下一步工作展望。

五、保障措施

学校落实专用培训经费给予校本研修活动以保障；对于优秀教师，优先选派外出学习；学校将校本研修表现及成果作为教师年终评定优秀的重要依据。

【样例评析】

本案例最大的特点就是主题鲜明。学校紧紧围绕研修主题开展培训、学习、听评课，使研修指向明确，老师们方向清晰、目标清楚，而这些，特别有助于目标的达成。

合适的主题是保证校本教研朝正确方向发展的关键。拥有一个合适的主题，可以使教师对校本研修工作有统一的认识，从而避免不同教师对校本研修产生不同的理解，甚至是误解。

本案例中，学校将研修的总主题定为"信息技术环境下教学实效的研究"，虽然已经比较具体，但对老师而言，仍然是一个很宽泛的题目，教师难于把握。学校将主题进一步分解为"学情分析""课堂讲授""导学案设计""学习小组的建立"四个更详细的维度，分解后的四个小主题，使教师明确了具体的研修内容，并且学校还给出了"达成的目标"，教师不仅知道要做什么，而且知道要做到什么程度。这份研修计划，从主题与内容上看，表面指向的是技术，其内核是研究技术在课堂教学中的应用。当然，整份研修计划中，对于课堂教学理论学习方面体现不足。

纵观整份研修计划，学校的设计思路非常清晰，问题引领，规划先行，以主题为中心点，推动学习、培训、研讨、展示等活动渐次展开，自修与集中互通，线上与线下呼应，这样的研修能有效达成愿景目标，促进教师与学校的发展。

第三节 目标与主题设计的误区及勘正

校本研修是提升工程 2.0 的主要"承重墙"，是把提升工程做好、做实、做深的关键举措，是促进课堂升级、学校转型与发展的必由之路。缺少校本研修的提升工程，学校将提升工程视为任务，流于形式，只是白白浪费时间而已。那么，在具体操作中，如何制订校本研修方案？什么样的方案才是好的校本研修方案呢？好的校本研修方案应该具备哪些要素？该从哪些维度来谋划与设计校本研修方案？本节主要内容是通过请大家当专家，共同来思考下面几个案例中都存在哪些不足或问题，以及如何来修改。通过对这些问题的剖析与反思，我们可以吸取经验教训，避免在制订校本研修方案时，出现类似的情况。

案例启思

案例一：某初中提升工程研修方案（部分）[①]

现状	学校教师老龄化严重，人心散乱		
目标	提高教师课堂教学水平		
形式	学习相关技术、研讨课、线上自修、培训讲座、公开课研讨活动、小课题研究、论文撰写		
活动安排	时间	内容	负责人
	9月—10月	学习电子白板及相关技术	张松
	11月	公开课《光的折射》	王月
	12月	公开课《七子之歌》	王月
	1月	展示交流，总结提升	张松
考核	1. 全校所有教师参与听评课，写好教后反思，学校统一进行考核； 2. 每名教师要在组内开设一节公开课或示范课，公开课日期报学校教导处，学校统一考核； 3. 计算机教师每学期要上一节公开课，做一项课题研究，学校统一考核		

问题剖析

对于上述案例，主要优点有：学校有发展目标，有多样的研修形式，每个时间点都有内容，还有负责人，考核也有具体要求。但存在一些问题或不足，我们一起来探讨一下：

---

① 李宝敏，《提升工程2.0校本研修设计与组织策略》讲座，华东师范大学开放教育学院。

一、研修方案的设计与提升工程关联不大

这是一份提升工程 2.0 中的校本研修实施方案，提升工程背景下的校本研修是不同于传统的校本研修的，提升工程 2.0 背景下的校本研修，其目的是通过提升工程这个载体优化与变革课堂教学。因此，校本研修方案要紧紧围绕提升工程 2.0 来策划，围绕教学理念、围绕能力点的研修、围绕能力点在课上的应用、围绕信息技术与课堂教学的深度融合等方面设计，以使校本研修更有针对性与指向性。

二、研修方案与能力点关联不大

能力点是提升工程 2.0 的核心，是技术与课堂教学融合的"动作分解"，诸多能力点的掌握与灵活运用是技术与课堂教学融合的前提与关键。在上述研修案例中，没有体现出学校要进行哪些能力点的研修、怎样研修，特别是没有经过能力点的研修就直接进行课例研修，步子迈得有些大。要学会给老师"垫台阶"，进行梯次设计，让老师们由易到难，由浅入深，由能力点到整节课，逐阶而上。

三、研修形式与研修安排关联不大

案例中的研修形式比较多样，有线上自修，有听评课，有培训，有研讨，还有课题与论文，但研修安排里面，各项内容与研修形式并没有统一指向，也没有相互对应，没有指向与对应的研修形式，自然就成为一种"形式"。研修内容要以什么样的研修形式进行呈现，在方案制订时要着重加以考虑。

四、研修内容与研修目标关联不大

很明显，这样的研修内容设计是无法达到学校发展目标的。依据学校现状与研修目标，设计哪些研修内容能够实现学校的发展目标，是方案制订者所要认真考虑的。研修内容的时间安排也不尽合理，几乎都在平均用力，没有重点。技术学习方面可以压缩点儿时间，提升工程 1.0 侧重技术培训，提升工程 2.0 侧重的是在教学中的应用。

五、考核要求与研修实质关联不大

案例中共有三项考核，第一项是听课，第二项是上课，第三项是计算机

教师上课、做研究。对教师来说，学校只考核了上课与听课的参与，并没有考核到质量，缺少设计性；另外，考核过于生硬，缺少激励性。方案中考核方面的第三条是对计算机教师上公开课与做研究的考核，计算机教师上公开课与提升工程几乎没有必然关系，这是对计算机教师教学能力方面的考核，与主题无关，缺少合理性。

很明显，这份研修方案，没有对提升工程2.0进行深入理解，缺少谋划与设计，并没有针对问题进行有效研修，而是几项工作的简单堆砌，无法达到预期效果。

案例二：某小学校本研修方案（部分）

研修目标	1. 通过教学实践和教育行动研究，力求改进教学行为，提高教学效益，努力去实现面向全体、轻负高效的教学； 2. 认真进行教材分析、教学模式探讨及教法、学法研究工作； 3. 教师共同探讨在教学过程中采用新的理念与教学模式，来发挥学生自主、合作学习能力； 4. 促进教师个人专业发展，强化教研组建设，增强教研组的凝聚力，完善校本研修体系
研修简案	研修主题： 信息化背景下自主学堂的建构 研修内容： 1. 信息技术与自主学习课堂的探究创建； 2. 开展多次教研活动和校本应用实践 研修形式： 课堂教学研讨、集中交流、网络研修

问题剖析

这个案例，是一个比较有特点的研修方案。

一、优　点

（一）要素相对完整

在上面方案中，研修目标、研修主题、研修内容以及研修形式都比较明确，研修方案的要素相对齐全。

（二）主题比较鲜明

案例中学校将研修主题确定为"信息技术背景下自主学堂的建构"，主题鲜明，紧扣课堂教学，没有脱离课堂教学搞研修；"信息化背景下自主学堂的建构"这个主题针对性强，"自主学堂"抓住了教育的本质，有较强的研修价值，具有一定的先进性；在研修内容板块，通过"开展多次教研活动和校本应用实践"来进行验证，把研究成果放在教学实践中检验，这是值得学习借鉴的地方。

（三）研修形式朴素有效

方案中网络研修、课堂教学研讨、集中交流等研修形式，均是校本研修的常见方式，也是研修的主要方式。

二、不　足

这个案例也存在着较大的问题，我们一起来分析一下。

（一）缺少学校总体目标

提升工程 2.0 是以校为本、整校推进，上述方案中学校目前在什么位置，向哪个方向发展，没有说清楚。设计研修方案时，关于学校实施提升工程的目的及意义要讲明白。

（二）研修目标过于分散

在研修目标里，主要谈了四点：第一点讲的是课堂教学，第二点讲的是备课，第三点讲的是研讨，第四点讲的是教研组。这四点，不仅没有顺序、缺少递进性，而且相互关联不大。

（三）研修目标与研修主题相脱节

在方案中，看不出研修目标与研修主题两者之间有紧密的关系，围绕主题来确定研修目标，更合适些。

（四）设计思维混乱不清

如果将研修目标定为"自主学堂"，那么在研修时，就要先对教师进行培训：什么样的学堂是自主学堂？自主学堂应该有哪些要素？在信息技术环境下，老师们在设计自主学堂时应该有什么样的遵循以及注意事项？培训之后，才是研讨、设计教案，听评课，改进等。在进行设计时要体现研修的顺序，不能颠倒。

（五）研修简案部分过于简单

研修简案内容不够详细，如"开展多次教研活动和校本应用实践"，开展几次？哪些学科？谁来参加？如何实践？怎样研修？什么形式？形成哪些成果？……这些问题都要想清楚。要围绕目标拟好时间表与路线图，使校本研修落到实处。

案例三：某小学校本研修方案

学校现状	1. 学校层面 学校在落实 2.0 能力提升工程方面，存在"上面紧一紧，下面做一做"的现象，学校推进工作不积极，导致 2.0 能力提升工程工作落实停滞不前。 2. 教师层面 学校教师老龄化现象极其严重，平均年龄 47 岁，55 岁以上的教师十多人。在"互联网＋"时代，这些教师教学理念跟不上，信息技术能力跟不上，甚至有的教师智能手机最基本的功能都弄不明白，更别说应用技术改进课堂教学了，教师学习抵触情绪严重
学校目标	1. 改变教师观念 通过理论学习，提升教师信息素养，改变教师认为技术应用就是"做课件、放课件"，认为运用信息技术与课堂整合就是运用多媒体教学的错误思想。 2. 理论应用实践 以校为本，结合学校教师差异化推进课堂有效教学的能力点，以课堂教学为切入点，实现教师信息化教学能力发展目标；加强青年教师的引导与示范，根据教师接受能力的差异，重新规划多媒体环境、混合环境、智慧环境下的能力点应用

研修形式	1. 强化自我反思 学校将通过教师集体备课，骨干教师、名师示范课堂观摩，教师听课评课等活动，要求教师撰写心得体会，加强自我反思。 2. 注重专家引领 针对不同环境下能力点的深度挖掘与应用，学校将聘请专家深入解读，问诊把脉，解决教师课堂刚需问题。 3. 加强同伴互助 学校在教师自主学习的基础上，开展以师徒结对、青年教师带老教师的互帮互助活动，开展信息技术应用课堂教学的经验展示交流活动		
研修安排	第一阶段 自主研修	结合信息技术能力水平，选择合适的能力点，借助研修平台进行自主学习，将教学与研修有机融合	利用案例、校外资源，有计划地开展自主学习，在不断的反思中改进
	第二阶段 结伴研修	基于2.0能力点的环境要求，成立微团队，把终身学习作为教育目标，增强研修意识，抓住各个环境的学习要点，以点带面，激发教学智慧	加强学习型团队建设，以研修课题为载体，成立研修小组，通过不断学习、实践、研究，挖掘教育教学潜能
	第三阶段 经验展示	学校将定期开展教师能力点教学应用案例展示，并基于教师2.0能力点应用在教学中存在的问题进行全面分析	组织教师进行微课制作、教学设计等比赛活动，促进教师信息技术能力提升
考核要求	1. 教师能力点解读经验交流； 2. 课堂教学能力点实践应用		

问题剖析

针对上述案例，进行优缺点分析。

一、优　点

（一）学校的目标明确

方案能紧紧依据学校教师工作不积极、老龄化严重、信息能力弱等现状与实际情况确定发展目标，将发展目标确定为更新观念、加强能力点的制作与应用，理念先行，再与实践相结合，这远比直接布置任务要好得多。

（二）研修过程层次分明

方案中将校本研修分为三个阶段，分别是自主研修、结伴研修、经验展示，思路清晰，结构也很合理。

（三）加强研修组织

学校成立研修团队，注重同伴研修，在第二阶段以课题为载体，以研究课题的态度对待能力点制作，第三阶段开展赛课，都是非常有效的研修方式，能促进校本研修更有深度。

二、不　足

此案例也存在一些问题，主要有以下几点。

（一）学校研修指向不聚焦

学校虽然有明确的目标，即提升教师的信息素养与实践应用能力，但这个目标有些大，难以把握。学校面对 30 个能力点，先提升哪些能力？为什么要选择这些能力点？这些能力点的选择目的是什么？对这些都应该进行系统思考。对此，方案中并没有详细写清楚。

（二）表述不准确

在"理论应用实践"这一目标的阐述中，"根据教师接受能力的差异，重新规划多媒体环境、混合环境、智慧环境下的能力点应用"这一表述，以教师的接受能力来规划三种环境，语言表述不准确。学校的意图是实现个性化研修，不同群体的老师研究不同类别的能力点，而三种环境是客观存在的，是学校的硬件设备（如下表）。

	多媒体教学环境	混合学习环境	智慧学习环境
技术支持的关键行为	支持"集体教"	支持"集体学"	支持"个体学"
信息化环境关键特征	有网络，教师掌握设备	有网络，学生手里掌握设备	有网络，有数据，学生手里掌握设备
硬件特征	（1）简易多媒体教学环境：主要由多媒体计算机、电视、投影、实物展示台等构成，以媒体和信息呈现为主。 （2）交互多媒体教学环境：主要由多媒体计算机、交互式电子白板、触控电视等硬件构成，在支持数字教育资源呈现的同时，能实现人机交互	一般包括网络教学环境、移动学习环境等，学生拥有计算机、上网本、PAD等学习设备，可联网开展同步或异步的教学与学习	以适当的信息技术、学习工具、学习资源和学习活动为支撑，可以感知和记录学生的学习数据，并可以进行综合性挖掘和分析，进而实现个性化适配和推送等。 注：支持个体合作探究的开源硬件与开源软件等也归在此列
软件特征	主要是办公软件（WPS，Microsoft Office）、通用工具（音视频处理软件）和学科软件（不联网的），可以在不联网的情况下使用	主要是社会性软件、思维工具、建模工具、教学平台、学习平台、学科软件	主要是软件、平台背后强大的数据分析、处理与综合功能

学校主要依据学校硬件环境和学校的发展目标选择相应的能力点，教师围绕学校选择的能力点再进行二次选择，而不能因教师的差异来让其自由选择能力点。如有的学校规定教师能力点选择要求如下表：

教师类别	老教师	中年教师	学科骨干	种子教师
能力点选择	2A＋1B	1A＋2B	1A＋1B＋1C	2B＋1C

这就是典型的根据教师的差异来选择不同环境的能力点。要注意，教师

能力点的选择要与学校的发展目标相匹配，选择能力点要为实现学校的目标及愿景服务，而不能把完成能力点作为结果。

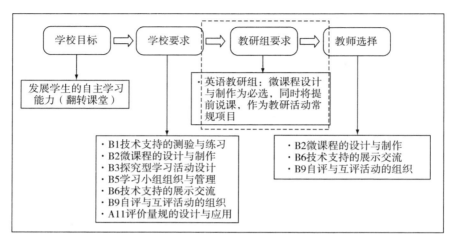

学校指导教师选择能力点流程图

（三）学校的研修内容不具体

研修方案的结构清晰，但不够详细。专家引领、同伴互助、自我反思只是校本研修的三种方式，在进行具体的校本研修时，要将其具体化，如专家引领有以下方式：专题讲座、问题解答、示范模仿、现场指导、观摩课程、进校指导，以及陪伴式研修等。同伴互助主要有集体备课、结对帮扶、专题研讨、案例分析、网络对话、工作室研修等方式。自我反思主要有学习内化、教后反思，以及撰写反思类教育博客等方式。基层学校在进行校本研修时，要写清楚具体采取哪种方式，而不能只是比较笼统地说专家引领、同伴互助。当然，自我反思、同伴互助、专家引领，三者并非独立存在，而是相互联系、相互渗透、相互促进的，在实践中必须充分发挥这三要素各自的侧重，并使三者有机整合，协调发展。

（四）要考虑到学校的实际情况来设计展示或比赛

在经验展示阶段，学校举办微课及教学设计比赛，以赛促培，这种形式比较好，但一定要考虑到学校的实际。比如：微课制作属 B2 能力点，如果学校教师选择 B2 能力点的较少，比赛就难以进行。

另外，学校还组织了"教学设计比赛"，教学设计只是提交文本，还停留在教学的"设计"层面。而提升工程 2.0 注重的是信息技术在课堂教学实践中的应用，在实践中验证能力点对课堂教学是否有促进作用。因此，建议多开展信息技术与课堂教学实践相融合的活动。

案例四：某九年一贯制学校校本研修方案

学校现状	优势：龙头校，有政策倾斜；设施齐全，资源丰富；有规模，有师资。 劣势：教师年龄结构不均衡；师生信息素养低，信息化工作推进困难；发展缓慢，工作滞后；无有效的团队合作。 机会：以信息化 2.0 为契机，创造师生个人发展的需要动机；充分利用学校现有资源，在师生间开展丰富多彩的活动；根据教师信息化实际水平，分级、分批、分组培训，根据教师要求，设定不同级别的发展目标。 风险：制定学校信息化发展的长期规划（3—5 年），开展有一定规模的信息化开放活动，提高影响力；协助校领导提高信息化认识，进一步加强对信息化工作的领导与支持，开创学校独特的信息化应用环境		
学校目标	提升学校信息化管理团队领导能力、培训团队指导能力和教师团队教学应用能力		
研修形式	线上、线下混合式研修		
研修安排	时间	内容	研修形式
	本学期 10 月初	开展双微活动，教学校长评课	线下研修
	10 月中旬	根据学校选定的"能力点"组织开展提升教师信息化能力的活动或比赛	线下研修
	10 月末	开展青年教师赛课活动和骨干教师展示课活动	线下研修
	11 月初	开展教学开放活动	线下研修
	10 月—11 月	组织实施教师自主研修及教研组听评课活动	线上研修
	11 月下旬	积极探索 AI＋教育教学模式	线上研修

考核要求	学校制定科学规范的研修考核量化表，全员参与校本研修活动。 考评方式： 学校测评（权重50%）：根据教师选择的能力点，评价小组对每位教师的应用能力进行综合的评价，优秀占20%以上。 教师互评（权重30%）：选择不同能力点的学员进行互评，选择相同学科、相同能力点、不同年段的教师对课堂能力点应用进行互相评价，在评价中取长补短，不断提高，不断完善。 个人自评（权重20%）：教师个人对能力点应用情况进行自我评价

问题剖析

下面对这个案例进行优缺点分析。

一、优　点

（一）分析方法恰当

学校运用SWOT分析法，对学校的优势、劣势、机会及风险进行比较全面的分析。

（二）落地方式有效

为使提升工程2.0能有效实施，学校采取的方法是混合式研修，即通过线上与线下的混合，推进学校的校本研修，扩大信息流动的范围，增强研修的灵活性，是很好的做法。

（三）研修考核科学

在研修方案中制定了考核要求，通过学校测评、教师互评、个人自评的方式评选优秀能力点，这样的考核科学而规范。

二、不　足

方案中存在的主要问题有：

（一）学校的目标过大

很多学校都将国家提升工程 2.0 方案中的总目标"三提升一全面"确定为自己学校的研修目标，这并不恰当。

学校的发展目标要依据学校的现状与问题来制定，解决学校面临的问题就是"发展"。所以，制定学校发展目标要清楚自己"在哪里"，要"去哪里"，基于自己的最近发展区的目标才是有效的目标。而"怎么去"则是策略，通过具体的校本研修能实现"去哪里"的目标。

（二）学校的 SWOT 分析空洞

学校进行 SWOT 分析的目的，是通过分析为学校确定适切的发展目标，案例中学校目标的制定与 SWOT 分析关联不大。目标的制定要与优势、劣势、机会、风险紧密相连，学校的所有目标都要与分析相对应。学校校长最重要的能力之一是规划力，规划力的关键就是确定好目标，这是团队行走的方向。一般情况下，要特别关注学校的问题，把问题转化为研修主题，通过不断破解问题来促进学校发展。

（三）研修安排重复混乱

首先，学校的研修活动安排要指向目标，所有的研修活动都是为了目标的达成。案例中的研修安排忽略了学校目标，目标中"提升校长信息化领导力""培训团队指导力"在研修安排中没有任何体现。其次，案例中的研修活动表面丰富，实质重复。第一项是评课，第二项是能力点比赛，第三项是展示课，第四项是开放课，第五项是听评课，第六项是人工智能与教学模式，从这几项内容看，基本都是课例展示，对于课例展示最好写清围绕哪些能力点或什么样的主题来进行研讨，在设计时要体现层次性，一般情况下遵循培训、研讨、实践、校正这一过程，甚至需要走几个来回、几个反复。再次，校本研修关键在于过程，研修的过程才是教师真正提升的关键。案例中这样密集的课例展示，老师们只能疲于应对。所以，一切研修的安排，都要夯实研修过程，通过线上线下的培训学习、专家的介入点拨、同伴的智慧众筹，增强教师对教学的理解，增强技术与课堂教学的融合，进而提升教师的执教能力。

（四）去除无关联内容

"人工智能＋教学模式"的探索是一个难点，方案中确定的研修方式是线上研修，基本上处于理论学习的层面，缺少研修的实效，没有实际意义，可删去。

（五）忽视整校推进

整个案例，学校只是进行了相应的考核要求，缺少学校层面的组织、指导、培训，忽视了"整校推进"。

整校推进工作的着力点是"培训团队"和"管理团队"这两支队伍的建设。一是要建优培训团队。以区县培训团队建设为重点，按一定比例遴选，抓好专项培训，打造"素质好、教学优、懂技术、会应用、善指导"的县级培训指导团队。二是要建强学校管理团队。学校要组建由校长领衔的信息化管理团队，并开展专项培训。管理团队要落实学校信息化教育教学发展规划，组织教师开展信息技术应用能力培训，有效提升管理团队领导全校教师应用信息技术进行教学创新的能力。

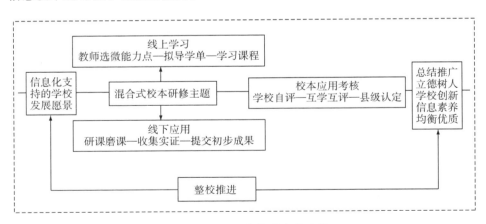

提升工程 2.0 整校推进实施路径

案例五：某小学校本研修简案

学校现状	我校现有 13 个教学班，498 名学生，在岗教师 43 人，平均年龄 47 周岁；在硬件方面能达到每位教师配备一台电脑，每个班级配备一体机，实现了 1M 宽带无线网络全覆盖。 学校建有一个智慧教室，拥有 5 名智慧种子教师。 信息技术专业教师、年轻教师紧缺，信息技术应用能力处于停滞不前状态，接受新媒体新技术缓慢。 "人人通"学习空间形成常态化模式，师生在"课堂用、经常用、普遍用"的基础上，形成"班班用资源、人人用空间"的应用氛围		
学校目标	确立"基于校情、立足岗位、整校应用、全员推进"教师信息化培养模式，通过实施 CGPM，持续推进信息化队伍建设，组建语文、数学、艺术、综合四大学科团队，每年度完成三个能力点的研修任务，提升教师信息素养及应用能力		
研修形式	1＋X 研修模式，主要采取学校集中研修 1 项能力点，通过团队研修和个人研修方式完成 2 个能力点任务，有能力的教师也可研修更多的能力点		
研修安排	第一阶段	能力点解读	开展沙龙活动，确立研修团队，学校确立 1 项集体研修能力点（B2 能力点微课程设计与制作），四个团队确立 2 个能力点（有个性需求教师因需而设）
	第二阶段	"B2 微课程的设计制作与交流"集中培训	专家理论培训；微视频脚本设计培训；剪映、喀秋莎、学习空间、科大迅飞专题技术培训
		微视频展示及交流	每位教师完成 1 个自创微视频，汇报设计思路
		微视频评比活动	全员参与，全员参评
	第三阶段	两项能力点研修	组织集体备课、主题沙龙等活动，使团队研修与个人研修相结合
	第四阶段	"每人一课"深度应用	体现至少 1 项能力点
	第五阶段	能力点研修案例交流	各教研组选取典型教师进行案例分享，教师之间相互借鉴
考核要求	1. 教师完成并提交三个能力点作业，校内评比 30％优秀案例； 2. 开展一项教师能力展示活动； 3. 能够在"每人一课"中体现能力点应用		

问题剖析 ▐▐

一、优 点

上述案例中，最大的优点是研修安排环节。该案例中项目之间衔接紧密，先研透一个能力点，再通过集体备课、主题沙龙等方式，同伴互助学习另外两个能力点。在第四、五两个阶段，学校又要求将能力点与课堂教学相融合，让教师对能力点的理解与制作最终作用于课堂教学，使课堂发生改变。

二、不 足

存在的问题主要有以下几点：

（一）学校的目标过低

学校将目标定位于完成三个能力点研修任务，这是将提升工程作为一项任务来完成。提升工程2.0，要通过教师信息技术应用能力的提升，改变学校人才培养方式，促进学校转型。所以，学校为什么要完成这三个能力点？这三个能力点是否有关联？完成这三个能力点可以实现课堂怎样的升级？给学校带来怎样的变化？这些问题是需要管理者认真思考的。只有把这些问题弄清楚，才能真正理解提升工程2.0的本质内涵。在学校的目标中，组建语文、数学、艺术、综合四大学科团队是实现目标达成的策略，并不是目标。

（二）研修方式表述错误

"1＋X"是能力点选择方式，并非研修形式。能力点的选取方式与能力点研修形式并不相同。采取什么样的研修形式，一是要依据研修内容，二是要依据教师实际。

（三）项目整合不到位

从学校现状看，学校的优势是"学习空间"建设，如何发挥学校学习空间的优势呢？通过提升工程，学校的优势进一步深化，以促进课堂教学方式的改变，这是关键。学校不能将原有优势搁置，重打鼓另开张，而应在原有优势的基础上进一步深化与创新发展。

样例展示

上述案例存在的问题是对本学校发展的目标与方向并不清晰，把完成能力点作为了学校的目标。完成能力点不是提升工程 2.0 实施的目的，能力点只是提高教师信息技术应用能力的"抓手"，相当于考取驾照过程中的"倒车入库""侧位停车"等项目。倒车入库、侧位停车、坡路起车等项目并不是最终目的，也不是我们的目标，我们的目标是能够开车上路，方便出行。同理，教师学会并完成能力点，并不是目的，它也不能成为学校的目标。通过能力点的完成与应用，提高教师信息化应用能力，优化或变革课堂教学，促进学校升级或转型，才是终极目标。所以，学校要清楚自身存在什么样的问题，以及这些问题如何解决。提升工程 2.0 实施方案中要求"基于课堂"，就是指通过不断解决课堂教学中的问题，对学校的课堂教学进行"升级"，促进学校的内涵发展。

下面提供两个案例，分析一下这两个案例中学校发展目标的制定。

【样例一】 A 学校（普通高中）[①]

学校现状	师资水平参差不齐，拟用翻转课堂来提升学校在知识传授方面的教育水准，提高整体教学成效，增强学习针对性
拟采用方式	翻转课堂
愿景	让孩子们平等地接受优质教育资源
绩效目标	使用信息化平台教学，包括知识预习、试题网上评测、学习结果分析等；高三核心学科教师采用先学后教模式以学定教，开展有效教学；全校 30% 的教师可以开发面向重难点的学案和微课资源；学校升学率有显著提高
能力点选择	骨干教师：B1 技术支持的测验与练习；B2 微课程设计与制作；A13 数据可视化呈现与解读；C3 基于数据的个别化指导。 其他教师：B1、B2、A6

---

① 闫寒冰，《能力提升工程 2.0 政策解读》讲座报告，华东师大开放教育学院。

【样例评析】

这个案例中，学校的问题是师资水平参差不齐。为了缩小教师间的教学差距，学校拟采用翻转课堂的方式解决这个问题，确立的目标及愿景是"让孩子们平等地接受优质教育资源"。

学校采取的方式是高三核心学科教师先行实施翻转课堂实验，而只有核心学科教师使用，才是真正的使用。全校30％的教师开发导学案和微课资源建设，这30％的教师就是学校的骨干教师，学校的骨干教师开发的学案与微课资源全校共享，实现了所有班级的学生共享这些优质课程，相当于全校的骨干教师在给学生上课。对于其他老师，在学习骨干教师微课与导学案的过程中，也提升了能力。这样的措施，指向"学校师资水平参差不齐"这一问题，它通过优质资源的共享，缩小了师资水平差距，提高了整体的教学成效，促进了学校的发展。

对于能力点的选择，该方案紧紧围绕与"翻转课堂"紧密相关的能力点进行选择，这种选择并非教师随意选取，一切都是为了实现翻转课堂这一目标。这样的设计，既聚焦又具体，其最终不是为了完成能力点，而是通过提升工程2.0的实施，提升教师的能力，解决学校的问题，改变教学方式，实现学校的转型。

【样例二】B学校（普通初中）①

学校现状	师资水平不齐，作业量偏多，受到家长诟病，学校采取相对稳妥的方式，优化教学，提高有限时间里的学习成效，提高教学质量
拟采用方式	优化教学
发展愿景	用信息技术优化课堂，给学生高成效的学习体验
绩效目标	每个教研组高质量完成授课演示文稿，个体教师在此基础上创新，提高课堂教学效率，向课堂要质量，控制学生作业量，提高家长满意度
能力点选择	A1技术支持学情分析，A5技术支持课堂导入，A6技术支持课堂讲授，A7技术支持总结提升，A8技术支持的方法指导，B6技术支持的测验与练习

---

① 闫寒冰，《能力提升工程2.0政策解读》讲座报告，华东师大开放教育学院。

【样例评析】

在这个案例中，学校的问题是作业量偏多，经常受到家长的投诉。学校领导对在校学生作业量偏多的原因进行了分析，主要原因是课堂教学效率低下，一旦提高课堂教学效率，就会减少作业量。按照这样的逻辑，学校采取"优化教学"这一相对稳妥的方式，通过信息技术在课堂上的应用，使原有的教学得以优化，从而在课堂上给学生以高成效的学习体验。

具体的做法是教研组统一完成授课演示文稿，全年级教师共同使用，个别教师可以在此基础上创新。大家共同研磨出来的授课思路、教学方法，是集体备课的成果，通过集体备课，形成教研组教师都比较认可的教学设计与演示文稿，大家可以共享共用。当然，有想法的老师还可以在此基础上进行创新。学校通过优化原有的课堂教学，从提高课堂教学效率角度提高课堂教学质量，教学质量提高了，学生作业量就可以酌情减少，从而达到控制作业量的目的。

从样例中可以看出，学校的管理者在设计规划时，要立足于课堂，着眼于问题，通过破解学校存在的问题来实现学校的发展。学校选择能力点的方法是先确定目标与方式，再围绕"优化教学"或"变革教学"选取相应的能力点。下图是给出的能力点"套餐"，供选择使用。

优化教学模式	翻转课堂模式	项目学习模式	数据驱动模式	在线学习模式
A1技术支持的学情分析	A2数字教育资源获取与评价	A8技术支持的方法指导	A1技术支持的学情分析	A2数字教育资源获取与评价
A2数字教育资源获取与评价	A13数据可视化呈现与解读	A11评价量规设计与应用	A7技术支持的总结提升	A4数字教育资源管理
A3演示文稿设计与制作	B1技术支持的测验与练习	B3探究型学习活动设计	A11评价量规设计与应用	A9学生信息道德培养
A5技术支持的课堂导入	B2微课程设计与制作	B4技术支持的发现与解决问题	A12评价数据的伴随性采集	A10学生信息安全意识培养
A6技术支持的课堂讲授	B3探究型学习活动设计	B5学习小组组织与管理	A13数据可视化呈现与解读	A12评价数据的伴随性采集
A7技术支持的总结提升	B5学习小组组织与管理	B6技术支持的展示交流	B1技术支持的测验与练习	A13数据可视化呈现与解读
A8技术支持的方法指导	B6技术支持的展示交流	B9自评与互评活动的组织	C5基于数据的个别化指导	B1技术支持的测验与练习
A11评价量规设计与应用	B9自评与互评活动的组织	C2创造真实学习情境	C6应用数据分析模型	B2微课程设计与制作
B1技术支持的测验与练习	C5基于数据的个别化指导	C3创新解决问题的方法		B7家校交流与合作
B6技术支持的展示交流		C4支持学习创造性学习与表达		C2创造真实学习情境
				C5基于数据的个别化指导

能力点"套餐"

【样例三】C 学校（普通小学）

学校目标	变革学习方式，培养创新人才
研修主题	精彩课堂共成长（翻转课堂）

研修形式	1. 在线学习课程 20 学时，校本研修 30 学时； 2. 通过课堂诊断、问题驱动、集体磨课、展示交流、自我反思等多种形式，校本研修落到实处		
研修成果	1. 各教师依托"精彩课堂共成长"开展校本活动，形成学案、PPT、微课等教学资源； 2. 完成学校的能力点等任务，能上一节信息技术与课堂教学融合的优质课； 3. 每位教师提交一篇研修反思； 4. 学校面向全体教师征集校本研修论文，择优推荐发表； 5. 学校撰写研修总结，进行全面盘点分析，为下一年研修方案的制定做好准备		

	时间	内容	负责人
研修安排	阶段一 研修计划制定阶段 （明方向，总动员）	针对该项目研修要求，结合我校信息化教育教学发展规划，全面动员，全员铺开，学校、教研组和个人三个层面皆需要制订研修计划，这一过程中，需要全校对该项目的研修价值、研修目标、研修任务等达成共识，并形成研修机制保障体系。 1. 首先由学校层面从研修目标、研修任务、研修要求、机制保障等方面制订研修计划； 2. 然后各学科组在学校研修计划的指导下，根据本学科特点和特色打造愿景，选择本学科组研修的三个能力点，达成共识，并制订自己学科组的研修计划； 3. 最后个人可根据自己学科组的研修计划，制订自己感兴趣的能力点，原则上至少两个能力点要与本学科组所选能力点一致	副校长
	阶段二 在线课程学习阶段 （深学习，实研讨）	1. 以学科组为单位，个人在线学习，组内组织研讨，并形成相关共识； 2. 重点内容，组织全校教师学习； 3. 汇集各教研组的疑难问题，请专家来校解答培训	信息化中心

时间	内容	负责人
阶段三 校本实践 （强实践， 重反思）	1. 根据前期在线课程学习情况进行调研和跟踪（以问卷、访谈、在线课程学习记录等方式），明确校本实践任务； 2. 培训课改理念、信息技术工具应用，深耕"先学后教，因材施教"翻转课堂； 3. 通过个人自评（自我照镜子）＋教研组互评（互评照镜子）＋学校校评（展示、赛课、专家评价点拨）等方式进行焦点评课，落实能力点； 4. 各教研组通过"三备二磨"等手段，每个学科至少形成50％的精彩课堂"学习资源"（包括教案和学案），每人一学期形成一节"三备二磨"的精品课	信息化中心 教学发展中心
阶段四 总结评价 （展风采， 评先进）	1. 各学科组汇报展示研修成果及后续技术融合创新设想与规划。 2. 展评教师研修课例、反思及论文。 3. 评选突出教研组及个人并进行表彰	信息化中心 教学发展中心

（研修安排）

【样例评析】

这个案例，我们重点分析研修过程。在分析研修过程时，思考：什么样的校本研修是好的校本研修？好的校本研修方案应该着重体现哪几个方面？

1. 有清晰明确的目标

在这个案例里面，有发展目标，即变革学习方式，培养创新人才；还有成果目标，即形成优质资源库、研修反思集等。学校的研修主题与学校的发展目标相匹配，通过变革学习方式，进而培养创新人才。

2. 有具体详细的路径

为了达成目标，学校、教研组、个人自上而下、连贯统一，实现了"大同步、小异步"。学校先制订研修计划，有任务，有要求，有机制，并突出强调教研组的作用，教研组带领教师进行常态化的教研，通过"三备二磨"集

体备课活动，开展能力点研修。（如下图所示）

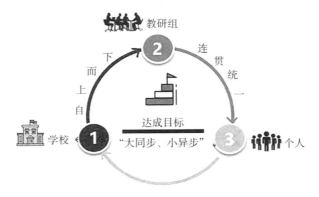

校本研修实施路径

3. 有科学合理的安排

案例中学校将研修分为四个阶段，即制订研修计划、在线课程学习、校本实践和总结评价。四个阶段又分动员、培训、研修、展示、评比等环节，一环扣一环，层层递进。培训时，先培训翻转课堂的思想与理念，在此基础上培训技术工具。有的学校在实施过程中，只注重技术工具的培训，然后用技术工具制作能力点。很明显，这样做主要是为了完成任务，是不可取的。

学校能将备课与能力点应用相结合，在备课时考虑能力点在课堂上的应用，使能力点的学习与制作没有脱离课堂教学，这一点非常值得肯定，这也是非常有效的校本研修。

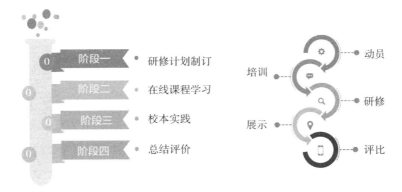

学校研修安排

4. 有实际可见的成果

这所学校在研修方案中，有强烈的"成果导向"。优质资源课的汇集、反思的汇编、论文的发表等，都是以终为始，起到成果导向的作用。各位老师不仅清楚努力的方向，而且清楚任务的达成，这非常有利于教师进行校本研修。

5. 有丰富多样的形式

学校的校本研修形式丰富，改变了传统单一、低效的研修活动，如专家培训、组内研修、梯次评定、展示交流等研修活动的开展，会极大地提升校本研修的实效。特别是案例中的多元化评价，注重学员自评、互评、校评，注重学员的"学""用""展"，这些丰富多样的评价方式，使校本研修从校本走向师本，从而使校本研修更具实效性。

第三章
混合式校本研修的规划与设计

开 篇 小 语

　　在新的时代境脉下，国家相关文件中提出了"为学习者提供方便、灵活、个性化的学习条件"的发展要求，这是对"教师作为成人学习者"这一基本事实的回应。华东师范大学的李政涛教授提出人类将全面进入"线上教学与线下教学混融共生"的后疫情时代，即"双线混融"的新时代，校本研修亦是如此。实践与反思、个性与灵活等的混研，不仅较好地融合了教师专业生活的天然优势，而且自然契合了时代及培训专业化发展的需要，成为研修新常态。混合式研修是混合式学习理论和模式在教师培训中的应用。

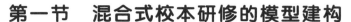

第一节　混合式校本研修的模型建构

在互联网＋背景下，研修方式必然发生改变。"双线混融时代"如何进行校本研修的设计？混合式校本研修是不是线上与线下的叠加？混合式校本研修的流程又该如何创建，才会实现真正意义上的研修方式改变？瞄准研修实效，除了流程上的混合之外，还应该有哪些形式与意义上的混合？

案例启思

某九年一贯制学校的张校长非常清楚地认识到：校本研修是促进教师专业成长与学校发展的关键。后疫情时代，如何设计并开展好混合式校本研修，以使教师和学校走向内涵发展之路呢？在班子会上，张校长讲清混合式校本研修的意义，对主管教学的王副校长说："王校长，你辛苦辛苦，结合当前的信息化趋势，设计一份适合我校的混合式校本研修计划。"王副校长说："没问题。混合式校本研修我知道，不就是线上学、线下用，线上和线下教研相结合吗？我刚好设计了一份研修方案，校长您先看看。"

研修主题		通过信息技术手段优化课堂教学的讲授环节			
时间	研修阶段	研修流程	研修形式	预期成果	组织者
10月20日—30日	前期调研	1. 利用问卷星、钉钉平台等形式线上调查本校教师信息技术应用能力水平	问卷调查	整校推进的发展规划和校本应用研修方案	学校信息化团队
		2. 学校信息化团队根据调研情况制定信息化整校推进的发展规划和信息化校本应用研修方案并确定学校能力提升范围	集体讨论		

研修主题		通过信息技术手段优化课堂教学的讲授环节			
时间	研修阶段	研修流程	研修形式	预期成果	组织者
11月1日—10日	项目启动	1. 开展第一次集中培训活动：校长主持学校启动项目并发布愿景，开展信息技术 2.0 提升工程培训内容的推介	集中培训	树立教师信息技术融合意识	学校校长、各学科教研组、教师个人
	确定能力点范围	2. 各学科教研组根据学校前期确定的信息技术应用能力点范围确定本教研组的应用能力点范围并制定本教研组的年度研修方案	集体研讨	教研组研修方案	
		3. 学校每位教师根据自己所在教研组确定的能力点范围选择自己的信息技术应用能力点并提交自己的研修清单	自主选择	各教师研修清单	
11月11日—12月10日	听课评课	1. 学习网络课程，掌握方法，聚焦能力突破点，形成教学实践计划。组织学校各学科教师开展第一次集体备课活动	线上学习、集体备课	1. 教学设计 2. 课堂实录 3. 听评课记录、案例	各学科教研组
		2. 组织学校各学科教师开展信息技术与课程融合公开课大赛，提供听评课模板工具	听课、评课		
		3. 根据听评课活动的结果，组织教师开展研讨交流，第二次集体备课	小组学习		

续　表

研修主题		通过信息技术手段优化课堂教学的讲授环节			
时间	研修阶段	研修流程	研修形式	预期成果	组织者
12月11日—12月20日	能力点提交与评价、经验总结	1. 组织学校各学科教师根据自己所选择的能力点，指导教师完成能力点认证材料的制作 2. 在规定时间内，组织教师提交能力点认证材料 3. 学校信息化管理团队组织教师对本教研组其他教师上传的能力点认证材料进行互评 4. 学校信息化管理团队对本校教师的能力点材料进行评价	案例分析与点评、专题研讨、能力认证	1. 校本应用考核指南 2. 能力点认证考核材料 3. 学校实践案例和校本研修案例	各学科教研组
12月21日—30日	案例分享、成果推广	1. 评选学校优秀的教学案例和能力点成果 2. 组织开展本校优秀课例和能力点案例的分享展示，督促全校教师进行案例观摩与学习 3. 反思、总结、提升	展示分享、示范观摩	优秀案例和能力点认证材料、观摩学习笔记与反思总结	各学科教研组

问题剖析

　　校本研修的最终目标是改进教师行为，提高其专业化水平[①]。校本研修的流程设计，决定了研修的实效与质量。研修活动的流程不是解决"为什么做"的问题，也不是解决"为什么这样做"的问题，而是解决"怎么做"的问题，即在学校确定好发展目标与研修主题以后，流程的设计要解决的就是怎么更好地实现决策的目标。

　　上面的校本研修流程，整体结构较完整，有时间、流程、形式、成果、评价、负责人，思路清晰、条理分明。纵观整个研修流程，其重点环节是11月11日—12月10日的"听课评课"，此环节的主要目的是在课堂主渠道改进

---

　　① 陈向明，张玉荣. 教师专业发展和学习为何要走向"校本"［J］. 清华大学教育研究，2014，35（1）：36-43.

教师行为，提高教师的专业化水平。

但从研修设计看，王副校长对混合式校本研修的理解尚浅。

一、混合式校本研修的深入理解

混合式校本研修的理论基础是混合式学习，混合式研修可以认为是混合式学习理论和模式在教师培训中的应用，作为一种正在发展中的概念，混合式研修与混合式培训在交替使用。[①] 可见，混合式研修归属混合式学习。下面我们通过理解混合式学习来理解混合式校本研修。

部分学者认为混合式学习是线上学习与传统线下学习的混合。如英国学者索恩（Kaye Thorne，2003）认为混合式学习是从 E-Learning 发展而来的概念，它将在线学习与更多的传统学习和开发方法混合起来。[②] 另一部分学者认为混合式学习不单指线上、线下的混合，而是混合了多个维度、多种因素的学习。如美国学者格雷厄姆（Graham，2006）将混合式学习分为四个方面，分别是将活动混合、将课程混合、将程序混合和将制度混合。通过整合各种学习资源、类型和方法，形成一个能够支持一系列教学活动的混合式学习环境，这样有机会鼓励学习者找到合适的学习资源并且投入到主动学习中去。[③]

我国上海师范大学黎加厚教授（2004）把 Blending Learning 翻译为"融合性学习"，他认为融合性学习是指对所有的教学要素进行优化选择和组合，以达到教学目标。同时他也强调，融合性学习意指教师和学生在教学活动中，将各种教学方法、模式、策略、媒体、技术等按照教学需要娴熟运用，达到一种艺术境界。

黄荣怀教授采用了一种比较典型的定义：Blended learning focuses on optimizing the achievement of learning objectives by applying the "right" learning technologies to match the "right" personal learning style and to

---

① 魏非. 面向混合式研修的教师培训机构能力成熟度模型研究［D］. 华东师范大学，2016.

② Kaye Thorne. Blended learning：how to integrate online & traditional learning ［M］. London：Kogan Page Limited，2003.

③ LinS，HuangX. Advances in Computer Science，Environment，Ecoinformatics，and Education ［M］. Heidelberg：Springer US，2011：347-351.

transfer the "right" skills to the "right" person at the "right" time. 黄荣怀教授对其进行了翻译：混合式学习的核心是在"合适的"时间为"合适的"人采用"合适的"学习技术和为适应"合适的"学习风格而传递"合适的"技能来优化与学习目标对应的学业成就。

混合式学习中的"混合"主要包括五个方面：

一是学习理论的混合：混合式学习的教学策略需要多种学习理论的指导，以适应不同的学习者、不同类型的学习目标、不同学习环境和不同学习资源的要求。

二是学习资源的混合：混合式学习的资源来自不同的媒介，可以来源于印刷品、光盘、磁带、手机、互联网等。通过混合这些资源，学习者可以完成不同的学习任务。

三是学习环境的混合：由于混合式学习混合了传统面对面的教学和e-learning，因此学习者不但可以在真实的教室、图书馆等环境中进行学习，而且可以在各种网络环境下进行学习。

四是学习方式的混合：学习者在学习过程中，可以采取多种学习方式进行学习，可以是上课听教师讲解，可以是自主学习、探究学习、协作学习等。

五是学习风格的混合：学习者在学习过程中要调动多重感官参与学习活动，通过多种活动形式进行各种学习体验，最终达到预期的学习目标。

混合式学习中的"混合"含义

其中，从学习方式看"混合"的维度，混合式学习主要包括：混合在线学习与离线学习；混合自定步调学习与协作学习；混合结构化学习与非结构化学习；混合特定的学习材料与灵活的学习材料；混合"工作"与"学习"。

可见，混合式学习是一种多元化的学习流程，包含了技术、资源、环境、教与学的方法等多种因素，围绕学习目标，将以上各要素因时、因地、因人适切地排列与融合，力求达到低成本、高质量的学习效果。

理想状态下，研修的设计要基于学校问题，聚焦教师成长，然后再考虑将设施、课程、文化氛围等其他部分加以整合，从而实现合适的研修过程。

二、混合式校本研修的实效在于研修内容的立体与丰富

在案例中，研修的流程共分四步：线上学习、集体备课、公开课、研讨再备。其研修形式比较单一，可通过混合式研修方式优化校本研修流程。

华东师范大学徐斌艳教授在《教师专业发展的多元途径》一书中提到："良好的教师专业发展共同体应具有共同的学习目标，相互学习和交流、相互信任、共享资源及优秀的教学经验，共同解决难题、个人有所进步并能促进共同体发展等特质。"

在以往的研修过程中，教师都是在听从指令、完成任务，学校缺少整校推进的措施，如果学校对教师的学习、指导、激励不到位，校本研修就会成为一纸空文。所以，学校要营造积极的研修氛围，想办法激发教师主动参与校本研修，为教师提供一种更为丰富的场景。在这样的团队中，参与者能够深度互动，且在互动中检验思维，挑战理解力，获得新的信息，对已有知识体系进行重新建构。具体的方式可以有案例分析、展示交流、成果萃取等，以引发教师参研的积极性。

另外，在研修的密度上，要安排合宜，既要有吸收时间，又要有内化时间，切不可让教师缺少思考、疲于应对。

三、校本研修的深度在于研修形式的完整

"专家引领""同伴互助""自我反思"是校本研修的三种基本方式。三种方式要互为补充，不能过于单一。

专家引领是专业的纵向引领，是理论与实践关系的重建，也是教学研究

向纵深可持续发展的关键。在校本研修活动中，同伴间的智慧交流固然重要，但由于他们彼此了解、熟知，仅依靠"同伴互助"式的听评课，在一定程度上会影响研修的效果。所以学校在设计校本研修活动时要充分考虑"专家引领"与"自我反思"，立体推进校本研修，使研修实现真正意义上的提升。

从教师角度讲，加强理论学习，并自觉接受理论的指导，努力提高教学理论素养，是教师从教书匠走向教育家的必经之路。专家引领的形式有专题讲座、专家问诊、教学示范（含影视课例或教程）、现场指导，以及读书自修等。

校本研修离不开专家专业力量的引领，否则，教师还是在原有水平上教学，即使上公开课也会停留在以往的状态，上课与研讨还是过去的样子，很难产生增值。要实现校本研修的预期目标，必须促使骨干教师和专家充分履行专业引领的职责。美国学者乔伊斯和舍瓦斯（Bruce Joyce and Beverly Showers）等人曾做过一项关于教师专业发展项目的迁移效果受项目所采用的策略等多种因素影响的实证研究。

培训向实践迁移的效果

培训要素及其结合情况	培训结果		
	知识	技能	迁移
理论	0.15	0.50	0.00
理论＋示范	0.66	0.86	0.00
理论＋示范＋实践	1.15	0.72	0.00
理论＋示范＋实践＋反馈	1.31	1.18	0.39
理论＋示范＋实践＋反馈＋指导	2.71	1.25	1.68

从研究发现，只有理论，或者只有理论＋示范，或者理论＋示范＋实践，都不能使培训结果发生迁移。理论＋示范＋实践＋反馈，或者理论＋示范＋实践＋反馈＋指导，才会发生迁移[①]。可见，在校本研修中，不仅要有专家及

① 华东师范大学开放教育学院常务副院长闫寒冰在"新时代教师队伍建设改革论坛"上的发言节选，https://www.sohu.com/a/234056493_387177.

骨干的引领，更要有专家与骨干的跟踪、指导。

在校本研修的三种形式中，自我反思是"内力"，只有内力发挥作用，成长才会真正有效。自我反思是教师教学认知活动的重要组成部分，是教师成长不可缺少的优良品质，具有实践性、内在性、批判性等特点，是教师提高专业素养的重要途径。[①] 混合式校本研修设计，要加强教师的自我反思。

以"自我反思"作为逻辑起点促进教师成长的自主取向的教师专业发展路径，已被许多西方发达国家的教育工作者和教育研究者广泛接受，且已成为衡量当代优秀教师的重要标准之一。

美国杰出的心理学家波斯纳指出："教师的专业化发展中所积累的经验，如果没有通过教师的反思，这种经验就是狭隘的经验，充其量只能形成肤浅的知识。"[②] 因此，他提出教师专业化成长的公式是：经验＋反思＝成长。教师如果不通过反思和批判将缄默知识（教学经验）显性化，不能通过反思重建经验以超越自我，那么他将永远停留在一个"新教师"的水平上。自我反思的主要形式有两种：一是内省式反思，即思考反省、自我建构；二是外显式反思，即研讨交流、书写反思、教育叙事、课题研究等。作为学校的管理者，在校本研修中，要强调对教师发展的专业引领，强调培育教师专业成长的自觉意识，强调培育教师的自主发展能力，要通过问题与任务的驱动、多元评价等多种方式，激发教师研修的主观能动性。

另外，自我反思不仅是教师专业成长的重要指标，而且是集体研讨前的关键，没有个人的反思，仓促间的研讨难有实效。所以在研讨前，学校要组织教师围绕主题进行深入的反思，让教师有话想说、有话要说、有话能说，这样的研讨才会有深度。

回顾上述案例，整个研修过程只是突出强调了同伴间的听评课，缺少必要的专家引领，以及个人反思的外显强化，因此很难实现教师行为的改进。

---

① 李琳，李雪梅."专家引领＋同伴互助＋自我反思"教研模式初探［J］. 课程教材教学研究（中教研究），2011：49-51.

② 鱼霞. 反思型教师的成长机制探析［M］. 北京：教育科学出版社，2008.

解决策略

汤姆逊公司在其"汤姆逊工作绩效影响因素研究"报告中指出："好的混合式方案能够带来更好的生产和工作效率。"[1] 如何充分利用好互联网技术，开展高效、优质的校本研修，增强校本研修的针对性与实效性，达到既定目标呢？

一、做好校本研修的调研与统筹

校本研修不可能孤立存在，不能为了校本研修而研修，校本研修是学校多方面要素的综合体现，要针对学校发展，通盘考虑，认真谋划。

首先是思想理念体系支持。从校长到教师，要思想一致，高度重视，从上到下做好动员工作，通过多种途径广泛宣传"互联网＋"背景下校本研修的内涵及重要意义，信息时代给教师及学校带来的发展良机。其次是制度机制建设。校本研修是教师专业发展的基础，也是最重要的路径。学校要制订适合本校校情、有利于学校发展的研修制度，并进行规范化管理，将培训目标、教师完成研修任务的质与量、出勤率等量化为"校本研修"学分，也可与科研课题相结合，统一纳入教师工作绩效考核中，增加教师研修动力[2]。最后是引领助力。以校为本但不局限于本校，要聘请与主题研修相关的省市专家、上级教研部门人员、相关学科骨干教师为校本研修提供智力支持，避免校本研修形式化、平庸化。专家的引领可以有效地提高教师个体或群体的研修质量与水平，促进教师专业成长，促进学校教育改革和内涵发展。完整意义上的专家引领，除了专家的知识视野外，还包括他们的职业道德、治学态度等因素对教师产生的积极影响。

二、加强研修活动的流程设计

优化研修流程，有助于产生更大的研修效益。混合式校本研修有助于优化研修流程。祝智庭教授论述混合式学习时指出："线上和线下教学具备各自

---

[1]　曾占林. 基于 Moodle 的中小学教师教育技术混合式培训的设计与应用研究［D］. 西南大学，2009.

[2]　苟永霞. 利用"互联网＋"开展校本研修的策略［J］. 辽宁教育，2018，（22）：58-60.

的独特优势，如果只关注某一方的优势或单个优点，显然无法适应未来技术发展和社会对人才培养的需要。而线上线下优势互补能更有效地推动教学活动进程。因此，线上线下相互赋能，驱动教育的信息化、数字化、智能化。"①校本研修的组织者在制定校本研修规划时，要考虑全面，既要考虑到事，考虑到人，考虑到目标、机制与保障，又要考虑到混合式的研修流程设计。

（一）流程设计指向要具体

很多校本研修的活动设计很多，但基本都是零散而无重点的，这样就会使参加研修活动的教师缺乏对研修活动的总体认识，把握不住研修的重点和节奏。

流程设计要有目标导向意识。所有的线上学习、反思研讨、集体备课、听评课、专家指导、展示交流等研修活动，都要指向一个目标，都要紧紧围绕研修主题，一个主题一个主题研修，从而使学校走向良性发展的轨道，切不可听课是听课，活动是活动，二者不关联。

这学期计划开展几次活动，每次活动的预期目标是什么，什么时间开展活动，每次活动怎么开展等，每次活动要解决什么问题，解决的这几个问题是否达到学校的总体目标，都要有计划与安排。

（二）流程设计要指向问题

问题导向的校本研修有别于指令导向。校本研修的根本目的是解决学校和教师在发展中存在的共性问题和个性问题，所以要"以问题为中心"，以"提出问题"为出发点。朱德全教授对教学的定义："教学是由问题构成的，教学的一切都可以说成是问题的衍生物。"有问题才有教学，有好问题才会产生好的教学，校本研修也是如此。领导者要善于和教师们一起研究教学中遇到的问题，不断尝试解决，教师专业能力形成的关键就在于问题解决能力的形成。

要科学诊断学校发展中的聚焦性问题和生成性问题，把脉要定位准确，诊断要切准关键、直击要害。每一次研修都要针对问题进行研讨，通过专家

---

① 祝智庭，胡姣. 技术赋能后疫情教育创变：线上线下融合教学新样态 [J]，开放教育研究，2021，27（01）：13-15.

介入、同伴互助、自我反思，多维度地思考与探求问题解决的方式与方法。

在校本研修的实践中，管理者要以"问题"或"任务"为核心，引导参与研修的人员参与研讨，围绕主题及问题进行交流互动。每个环节都要将"问题"转化为"任务"，以"任务"或"任务单"为驱动力量，开展教学、教研实践活动，通过任务强化教师学习、反思，用任务夯实研修过程，重构教师的实践知识体系。特别是线上的学习与研修，要将"问题串"形成"任务单"，加强"问题"与"任务"的导向。

（三）流程设计要指向过程

怎样的混合式校本研修流程更有实效？常见的研修流程如下图：

校本研修流程图

时段	内容
研修前	需求论证、确定主题、研发课程、设计任务单
研修中	听课评课、主题讨论、专家答疑、交流分享
研修后	总结提炼、共享交流、反思问题、反复校正

在整个研修流程中，不要把混合式校本研修等同于线上线下的简单混合，混合式校本研修是运用多种教学理论，协调各个要素，对线上研修与线下研修两种研修形式进行有机融合，以发挥混合学习的优势，实现研修效果的最大化。这就要求在研修方案设计阶段，设计者要统筹规划线上和线下研修任务，以提升教师教学技能为中心，以典型案例为载体，合理确定线上和线下的培训内容，通过专题式培训、实践性培训、伴随式培训等方式，将线上、线下研修融会贯通。

对于混合式校本研修的流程，各校管理者可以参考、选取、组合，以适应本校的实际情况。需要提醒两点：一是可持续改进。对于课例研讨，可以反复上课、研讨、再上课、再研讨……通过不断循环反复，增强教师对教学的理解能力，逐渐接近达成目标。二是注重教师在研修过程中对生成性资源的加工与应用。教师在研修过程中，会不断遇到新的问题，学校要根据教师的遇到的问题，及时调整，增强研修实效。

混合式研修与混合式学习的本质是相同的。混合式学习是一种非常有效的学习模式，但成功的混合式学习案例并不多，或是混合的方法太过简单，达不到预期的效果，或是混合的方法过于复杂，缺乏实操性，究其原因，在于学校的设计者对"混合"缺乏深刻认识，还停留在单纯的"线上"＋"线下"的层次，导致不易制定出有效的混合研修方案。混合式学习包含四个应用层次，具体如下①：

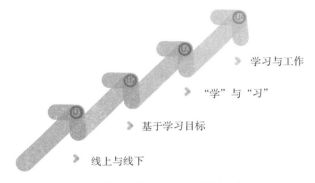

学习与工作

"学"与"习"

基于学习目标

线上与线下

混合式学习的四个层次

第一层：线上与线下的混合，是指将网络学习形式与传统面对面学习形式混合，即最早提出的混合式学习模式。很明显，简单的线上与线下混合，是很难有效果的，线上与线下叠加不是目的，其目的是通过流程的改变与重组，实现深度研修。

第二层：基于学习目标的混合，指以"达成学习目标"为宗旨，混合多种学习方式、学习内容，在该层的混合中，指向的是学习目标的达成，为了达成目标，不再要求一定有线上或线下的形式。混合的是多样的学习方式、内容。

第三层："学"与"习"的混合，才是混合式学习的本质所在，"习"可将"学"的内容运用到实践中，从而达到更高层次的学习目的。在日常学习中，我们通常认为"学"就是"学习"，但实际情况往往没有"习"② 的过程，如绝大多数的面授讲座或网络学习都只是"学"的过程，并非真正的学习。

---

① 赵晓晶. 中小学教师混合式研修中磨课活动的设计与实施［D］. 东北师范大学，2019.
② 习，古文中指"数飞也"，指小鸟练习飞行。此指实践。

实际上，最有效的混合式学习需要包含"学"与"习"的混合设计，既要在"培训"方面加强，又要注重实践，实践验证培训，培训指导实践，边学边练，边练边学，交替相融，循环往复。

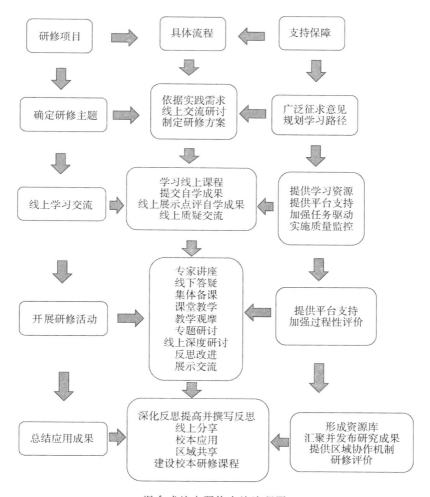

混合式校本研修实施流程图

第四层：学习与工作的混合，又名"行动学习"。这个层次的混合主要应用在管理培训中，通过执行学习与工作的混合方案来促进员工在工作中学习，在学习中工作，从而提升员工在工作经验、创新等方面的技能。具体就是指在听评课等研课、磨课的实践中教师的课堂教学能力的不断提升。

三、做好研修后期行为跟进

研修结束后，学校管理人员要做好研修后期的收尾工作。首先，要加强研修成果的总结与梳理。每一位参加校本研修的教师都应及时将学习的经验、体会等上交，学校进行汇总与整理。其次，要加强对研修成果的宣传。对于表现突出的教师，如有条件，可在校际、学校内部、教研组、工作坊等层面开展汇报交流活动，宣传其研修成果，增强教师的研修成就感与幸福感。第三，注意持续转化。研修任务的完成，并不代表研修的终结，校本研修本就是一个过程，没有终点，永远在路上。学校管理者要通过资源共享、师徒结对等多种方式，确保培训效果持续发酵，带动更多的教师提升专业水平。

样例展示

下面我们针对本节的样例的重点内容，进行一些调整。

研修主题	通过信息技术手段优化课堂教学的讲授环节				
时间	研修阶段	研修流程	研修形式	预期成果	组织者
10月8日—12月10日	听课评课	1. 线上学习相关课程。任务：提出相关的困惑并讨论。	线上线下结合	每人至少提出一个问题，线上交流。	副校长
		2. 集中培训。任务：撰写心得体会。	线上线下结合	提交培训心得，线上展示交流。	校长
		3. 校外或本校名师示范。任务：围绕"教学优化"讨论。	线上学习交流	交流纪要	副校长
		4. 教研组集体备课。任务：知道优化哪个环节，如何优化，并进行优化前后的对比。	线下	备课记录、笔记	教研组长
		5. 教研组上课、听评课。任务：重点围绕优化的效果展开，可请专家介入指导。	线上交流	提交心得体会	教研组长

研修主题		通过信息技术手段优化课堂教学的讲授环节			
时间	研修阶段	研修流程	研修形式	预期成果	组织者
10月8日—12月10日	听课评课	6. 课例修改。任务：修改教学设计，各教师制作能力点。	线下	教学设计	副校长
		7. 推选骨干教师1—2名，上课、听评课。任务：录制片段，进一步组织课例研讨。	线上线下结合	课例资源	副校长
		8. 学校间展示交流。任务：学习反思。	线上线下结合	学习交流，交流纪要。	校长
		9. 修改能力点。任务：各教师对自己的能力点进行修改。	线上与线下结合	线下制作，线上展示交流	教研组长
		10. 上传与评比。任务：各教师上传能力点，学校管理员组织评比。	线上	1. 选出优秀资源，线上展示交流。2. 重点对教师的研修过程与研修结果进行评价。3. 撰写研修总结。	副校长

【样例评析】

本研修案例，体现了线上线下、数据共享等教育教学融合创新特点，将网络研修和校本研修的优势进行了有机整合，既强化了双方优势，又避免了两种研修模式各自独立运行所存在的不足。

本案例有几个明显的特点。

一、专家引领贯穿始终

线上的学习、专家的理论培训、名师的示范以及专家的课例点评等使各个重点环节都有专家的介入，这是校本研修产生"增值"的关键。

二、交流互动深度有效

案例中，学校充分利用互联网的互动便捷的优势，通过频繁互动，按照"提出问题、研讨交流、借鉴反思"的流程，加强教师间、学校间的互动交流，这是促进教师不断进行自我反思与提升的核心。

三、任务驱动环环相扣

每一个研修的环节，均有不同的任务。以往很多研修，尤其是线上的研修缺少实效，老师们经常"挂机"，其主要原因在于缺少任务与评价。案例中每一个环节均有任务，并伴随展示，每一项任务的完成情况是"过程性评价"的证据，最后能力点提交的考核是教师的"结果性评价"，学校通过过程与结果两种评价方式，对教师进行研修的考评，使混合式研修更具实效。

混合式校本研修，围绕促进参研教师专业化发展的总体目标，根据学校与教师的实际需求，依托学科专家专业精准指导，多主体协同组织实施，使教师在边学习、边实践、边反思中螺旋上升。

对于混合式校本研修，其遵循"双线并行"的基本模型来操作。

"双线并行"的基本模型

一条线为"研修线"，着重体现专家引领、同伴互助、自我反思相结合的课例研修，其主要要素为"实践问题、线上研修、集中培训、自主反思、名师示范、实践研修、提交课例"；另一条线为"任务线"，着重体现问题带动、任务驱动、展示互动的原则，使教师进入深度的交流与反思状态，促进校本研修的实效。对于第一条线，学校可根据实际情况，对这些要素进行重组、排列，有些要素可以重复使用，以达到最优的研修效果。

第二节　混合式校本研修的活动设计

校本研修的活动形式有很多：集体备课、示范观摩、同课异构；专家讲座、案例点评、工作坊（室）；结对互助、专题沙龙、影子培训、校际结对、区域联盟、教学竞赛、课题论文等等。其中听评课是校本研修的主要活动，有效的听评课可在教学实践和教学理论之间架起一座桥梁，为教师的专业发展提供一条有效的途径。因此，听评课有效，校本研修才有效。任何教育教学实践活动都需要理论的引领与支撑，听评课的改进也需要理论支撑，您所在学校的听评课是否有理论支撑？教学改进是否有序？怎样的听评课才有实效？信息技术对听评课有怎样的帮助？这种帮助有怎样的促进作用？

案例启思

区进修学校要求每位教师每学期听课不少于 60 节。为了增强实效，孙校长就组织教师开展信息技术与课堂教学融合的听评课教研活动，围绕信息技术与课堂教学的融合这个主题开展听评课。

可孙校长发现老师们听课的热情并不高，经常有教师迟到不说，还发现有很多教师缺勤。一天，他在闲聊时问老师："我看你们都不怎么爱听课。这是为什么呀？"

"哎呀，没啥可听的。另外，听完课了，我都不知道咋说，真没啥可说的。"

"听完课，大家一顿评，校长你说，有效果吗？"

"这也没啥可研讨的，研讨来研讨去，课不还是自己想咋上就咋上吗？"

……

孙校长陷入了沉思：是呀，听评课本是教师专业能力提升的关键行为，也是最主要的研修活动，是为了探索教学规律，研究教学改革，推广教学经验而进行的一种教学组织形式和有效的管理方法。现在听评课成了形式，可想而知，老师们的教学能力如何提升？提升效果又怎么保证？这其中的原因与症结在哪里？如何破这个局？如何使听评课活动更加有效？特别是基于信息技术环境下，如何开展听评课活动？

问题剖析

　　课改深处是课堂。课堂是教师开展教学活动的主要场所，远离课堂，教师将失去其职业的根本；脱离课堂，教师的专业成长也无从谈起。因此，扎根课堂，进行研究性听评课，可以加深教师对教育专业的理解和对学生学习的研究，以及对教育教学的深层次思考。博利奇认为，当致力于观察他人教学并以之为样板向他人学习时，你也就知道了如何观察自己、如何使自己被观察。因此，无论是听课者还是被听课者，有针对性地进行专业的听评课，都会汲取他人的经验，获得实践的知识，改进自己的教学技能，提升自己的专业素养。这些观察将极大地促进了教师自身的专业成长。

　　但现在很多老师的听评课依赖于时空统一的组织形式，成本高、效率低下且是为了完成听课任务，抱着这样的心态，教师在心理上是极不情愿的，听课记录也是为了应付检查，记一下教学流程而已，更有甚者，抄一抄同伴的听课记录。评课时，参与者要么保持沉默，要么一个劲儿地点赞，碍于情面，只说好话、套话、不痛不痒的场面话，这样下来，评了和没评一个样。

　　究其原因，主要有以下几点：

一、无研修主题

　　很多学校的教师在评课时你说一句，我说一句，一会儿是目标，一会儿是方法，一会儿是结构，一会儿是细节，一会儿是教师，一会儿是学生，往往很泛泛。看似面面俱到，实则毫无意义。

二、无评价指标

　　什么样的课堂教学属于好的课堂教学？这就需要构建相应的评价指标，通过评价指标来判断。对于信息技术与课堂教学的融合，也要尝试构建相关的教学评价指标体系，通过这些指标体系的建立，提升教师听评课的专业性，使教师在听课时有章可循。

三、无证据推论

听课教师因为对课堂的观察不严谨、不规范，所以缺少数据性证据，只能凭经验来评课，即"如果我来上这节课，会……""教学很有效，但如果能让学生多参与一点就更好了"等，评课时或是评得不深入，浮于表面现象，或是囿于自我立场，忽视了课程的专业性与知识基础，或是评得不系统，缺少横向的比较、总结、提升，这些都是无证据推论的表现。

四、无评课机制

学校的听课机制欠缺，尤其是反馈机制的不完善，让教师顾虑重重，听评课真的有用吗？评价真的科学吗？教师年复一年、日复一日地听评课，耗费了大量的精力，但学校的课堂教学改进并没有提速，这些现实严重地挫伤了教师听评课的积极性、主动性。

总之，课堂是学校教育教学的基本组织形式，是教师教书育人的主阵地，校本研修要根植于课堂，以提高教师的课堂教学能力为基础，发现问题、研究问题、解决问题，增强课堂教学效果，将教研活动、学术研究和教师培训有机结合，以研促教，以研促训，切实提高针对性和实效性。

解决策略

改进教学是学校的永恒主题。听评课是教师从事研究的宝贵资源，是课堂教学改进的"助推器"，通过听评课，可以促使教师由观察他人课堂而反思自己的教育理念和教学行为，进而感悟和提升自己的教育教学能力。听评课是校本研修的重要形式之一，对探讨课堂教学规律，提高课堂教学效率，促进学生全面发展，促进教师专业成长，深化课程改革有着十分重要的意义。

听评课先是听，用耳听、用眼看、用脑想；再是评，针对观察到的课堂教学中的问题，有针对性地进行点评，以利于教学的不断改进。而专业的评课源于专业的观课，或者说，没有专业的观课，就难有专业的评课。

听评课——课堂教学改进的"助推器"

如何专业的听课？很明显，在上述原因中，我们不难发现，有效听课的关键在于"评价指标"。评价指标的制定，一定会依据主题，课上针对评价指标听课，就有了证据。听课后，依据评价指标评课，自然更专业。

对于评价指标的确立，国内有研究者将课堂教学观察的框架划分为四个维度：学生学习、教师教学、课程性质、课堂文化。每一个维度又有五个观察视角①。具体内容见下表。

课堂教学观察维度

	维度内容	视角
维度一	学生学习	准备、倾听、互动、自主、达成
维度二	教师教学	环节、呈示、对话、指导、机智
维度三	课程性质	目标、内容、实施、评价、资源
维度四	课堂文化	思考、民主、创新、关爱、特质

这些维度的视角里，又有很多细化的项目，如学生学习维度中的"倾听"视角，有以下三个问题需要听课者观察并记录：一是有多少学生倾听老师的

---

① 沈毅，崔允漷. 课堂观察：走向专业的听评课［M］. 上海：华东师范大学出版社，2008：104-120.

讲课？倾听多长时间？二是有多少学生倾听学生的发言？能用自己的话表达同学的发言吗？三是倾听时，学生有哪些辅助行为（记笔记/查阅/回应）？有多少人发生了这些行为？

每一个维度都有细化的具体指标，这就需要教师在听课时建立课堂观察的合作体，不同的教师观察不同的维度，然后进行统计，最后将其作为评课的依据。

有的学校在具体操作中，认为这样做很烦琐，需要几位老师共同完成一节听评课，老师在课上注重的是数量统计，每位老师观察的维度单一，对课堂教学进行了肢解，不能从整体上对课堂教学进行综合评定。

一、用"指标体系法"评课

对于评价指标体系的建立，各校可依据具体情况，不用面面俱到，针对主题确立重点的观察维度即可，如本节课重点观察"学生学习"是否发生，那就围绕这个点来确立具体的观察指标。

某校确立"信息技术支持下的学生学习参与度"的研修，在这个主题下，重点考查了"学生学习""教师教学"两个维度，并设计了评价指标。

课堂教学观察维度表

维度	学生学习	教师教学	技术支持
效率	学习效率提升体现在哪里？ 学习速度的提升是否真正促进了学习效果的提升？	教师在教的方面，是否提高了教的效率？ 教的效率提升对学生学习是否有促进作用？	采用什么技术手段支持学习效率的提升？ 技术使用是否产生干扰或不良影响？
参与度	效率的提升，是否提高了学生的参与面？ 学生在参与的过程中，是否得到了及时的反馈？	教师在组织教学过程中，学生的参与面占比约是多少？ 学生自主学习时间占比约是多少？	采用什么样的技术手段支持学生参与面？ 技术使用是否产生干扰或不良影响？

维度	学生学习	教师教学	技术支持
身心发展	学生是否在效率提高过程中，身心愉悦，呈现出良好的精神状态？	教师的评价与反馈是否起到激励作用？ 学生的学习是否积极向上？	采用什么样的技术手段支持学生的评价？ 技术使用是否对学生学习产生干扰或不良影响？
目标达成度	学习目标是否清晰？ 学习目标的达成度占比约是多少？ 技术使用与学习目标是否契合？	教师教学策略是否指向目标达成？ 教师应用技术是否有助于目标达成？ 教师是否对学生学习目标达成情况进行了统计与反馈？	采用什么样的技术支持目标达成？ 技术使用对学生学习是否产生干扰或不良影响？

有了专业的观课，评课的过程自然更专业。张老师在课例研修中写下了这样的记录：

我通过对学生学习参与度的观察，发现教师通过 plickers 软件对学生的选择进行统计，快速而准确，能精准地统计出学生的答题率。传统的做法是老师通过让学生举手来判断，教师只能得出大概的情况，并且对每一个学生的作答掌握不够全面，用检测答题的方式还过于烦琐。现代信息技术的发展解决了这一难题，学生通过举牌的方式使答题的信息直接传送至教师端，教师端自动进行批改和统计，形成课堂实时反馈，极大提高了课堂效率，同时集中了学生上课的注意力。

我在观课过程中，对教师提出的问题进行了归类分析：一节课中，老师共提出 17 个问题，其中属于思考性的问题 8 个，属于启发、想象性的问题 4 个，属于开放性的问题 1 个，属于判断是非的问题 4 个，与学生学习无关的课堂提问没有。和前几次相比，没有思考价值的问题大大减少，但判断性问题仍较多，需要进一步改进。

由此可见，听课教师不再是面面俱到的主观评课，而是根据学校确立的主题，以及教研组拟定的评课指标体系，逐条地分析评价，使评课基于数据、分析，增强了评课的指向性与专业性。

二、用"N"有评课法评课

"N"有评课也是建立指标体系，这个指标体系根据自己学校的校本研修实际来确定。

某校确立"基于教学改革，融合信息技术的新型教与学模式"的研修，通过"五有"来确定评课指标体系："有清晰可测的教学目标，有学习主体的教学流程，有自主合作的学习过程，有检测统计的技术手段，有再次反馈的有效路径。"对于"N"有评课法，可以是"五有"，也可以是"三有""四有"，但不宜过少或过多。"有"什么内容，每所学校可以根据自己的实际情况进行修改与细化，也可以自行设定，以更加符合本校的校情。这种评课方式也是校本研修中"精准测评"的体现。

无论是"几有"，每一个维度的确立都要指向主题或研修重点。在每一个维度下，各校还可以根据需要，再细化为几个小指标，以便教师们操作。

研修后，老师根据观课指标，写了这样的观课感受：

在这堂课中，王老师采用混合式教学方式，通过检测与反馈，全班 44 名学生，仅有 2 名学生没有达标，达标率 95.5%，教学效果明显。特别是在教学流程建构方面，与传统的"讲练结合"方式明显不同，是先学后教，学生事先对学习资料进行了学习，并在线上发布学习感受，课上，教师重点结合课文的核心问题，让学生采取自主合作的方式进行探究，然后教师结合学生学习感受进行补充完善、提升总结，课后，学生对自己的感受重新修正，并在线上发布，重构教学流程，实现高效学习。

在观课过程中，我重点观察了学生"前置学习"后提出问题的能力。学生提出问题是基于对教材内容的理解，这也是基于学生的最近发展区。在王老师的这节课上，学生能在教师的引导下提出问题，自主课堂提问的环节让学生学习状态发生了改变，不管是学生自己读文本，还是在教师引领下的思考，学生都比以前更投入，思考也更有深度。学生会提出问题，特别是高质量的问题，是学习能力提升的重要标志。

无论是哪种评课方法，其核心都是"靶向评课"，防止评课的范化与无效。通过上面的案例可以看出：专业观课后的评课不再是整体上、宏观的褒奖或指责，而是以"证据"来反馈教学的实际效果。评课不再是机械反馈，而是有了思维含量、科研味道。专业观课可以就一个问题或几个问题深入地研究起来。案例中所呈现的是观课的实时性报告，其中省去了对无关环节的无效评价，不是泛泛地表扬教师的几个优点，指出教师的几条缺点，而是对具体的指标数据增强研究的针对性。

另外，教师在评课的过程中，也会不断反思与调整自己的教学，是否符合评课的指标体系，是否具备"N 有"的条件。经过专业的听评课，教师的课堂教学设计能力会得到提高。

三、用"移动听评课法"评课

随着技术的发展，听评课也变得更加便捷化、科学化、数据化。吉林省教育学院郑世忠主任经过多年研究，创建了听评课数据分析流程，通过采取教师上课数据，分析教师教学行为，其流程是"建立听评课项目——确定听评课标准——听课任务分工——听课记录——记录汇总与统计"[①]，教师在听评课过程中，依据分工，按照标准，既可以采取文字方式，也可以采取图片、视频以及计数等方式记录授课教师的教学过程，听课结束后，听课人员的记录上传，平台汇总、统计，根据相关指标自动生成课堂教学分析报告。课堂教学各项指标的分析数据，为评课者提供了有效的参考证据，使评课更客观，更有说服力，进而使听评课走向专业化，同时，数据库在不断积累大量的过程性数据，既有利于学校管理，也有利于改进原有校本研修的管理方式。

样例展示

【样例一】

某小学开展"基于移动听评课的混合式校本研修"实验，采取混合式校本研修方式，取得了较好的效果。

---

① 郑世忠，党书坡. 信息化背景下校本教研范式的转型与实践探索［J］. 中国教育信息化，2020，（08），1-6.

主题		信息技术支持下的课堂教学改进		
时间	内容	任务		研修方式
4月7日— 4月14日	学习平台上发布两份资料和一份听评课量规	1. 阅读材料。 2. 结合学科写学习感受。 3. 教研组可对评课量规进行修改。		线上
4月15日— 4月22日	各学科教师分别观看名师融合课录像	1. 观看课例。 2. 学习中，教研组长、教师要先行学习，在某个教学环节，通过发送弹幕等方式，有针对性地发起研讨主题。 3. 教师根据听评课量规，开展听评课活动，写好听课反思。		线上与线下相结合
5月4日— 5月18日	组织研讨	1. 对各教师反思进行平台展评。 2. 各学科在教研组长的带领下，对课例进行深入研讨，总结提炼信息技术与课堂教学融合的方法。 3. 聘请相关专家，依据教师的反思与心得，进行专项培训。		线上与线下相结合
5月19日— 6月30日	实践及反思	1. 各教研组至少选派一人，通过公开课的方式展示学习与研讨交流情况。 2. 请专家进行听评课指导。 3. 全体教师参加听评课，写好听课反思，并进行再次研讨。		线上与线下相结合

【样例评析一】

对于移动听评课的研究，目前国内还处于相对浅层阶段。案例中的学校开展的移动听评课，对如何开展课例研究具有很大的启发。

学校对教师的培养思路非常清晰。对于信息技术如何对课堂教学改进这个问题，没有盲目地组织教师进行研讨、上课，而是加强对名师课例的研磨，从各学科名师课例中提取关于融合的共性基因，并通过学习、研讨、指导等方式，不断内化，进而转化。

在整个研修中，学校采取的方式是开展"移动听评课"，每位教师根据自己的时间，充分地对网上资源进行学习，并完成相关任务，在任务的驱动下，教师会参与到资料、课例等学习之中，另外，教研组的研讨以及后期公开课展示等方式，都对教师的各阶段学习起到促进作用。

在研讨阶段，教研组长要对课例先进行观看，根据学科性质，在某个重点教学环节，以推送"弹幕"等方式，发起讨论。这种方式，一是有利于提醒教师关注这个环节，教师也可以以弹幕回复的形式参与研讨，实现智慧共享；二是督促教师要认真观看完视频，研讨的主题就在视频里，不看视频就不清楚研讨的主题，也就不清楚其他教师的观点与想法。

在研讨后期，提取名师案例中关键的融合思想，形成教师上课的遵循。根据这些遵循与原则，教研组组织教师上课，在实践中完成学习的迁移，提高教师对信息技术与课堂教学融合的思想理念和实践技能，达到改进学校课堂教学的目的。

案例中的研修方式是采取线上与线下混合的方式进行的。线上学习、展示、交流、研讨，线下实践，时间节点分配合理，每个阶段指令清晰，教师要在规定的时段内完成相关任务，用于改进自己的教学，促进专业成长。因此，这是一份较有实效的移动听评课研修方案。

【样例二】

下面是信息技术与课堂教学整合的观课指标，教师可在观课时参考。

"信息技术与课堂教学融合"评价指标（一）

特色指标	对指标的描述	观察点
新知授导	以教师讲解与启发为主，系统地向学生传授知识。	1. 授导准确生动、深入浅出。
		2. 有效解决了教学中的重难点问题。
		3. 有助于学生理解学科的本质或关键问题。
		4. 达到学习目标。
		5. 信息技术的应用对重难点的突破不可或缺。

续　表

特色指标	对指标的描述	观察点
交流研讨	通过交流、讨论、辩论等方式开展学习。	1. 交流研讨的情境（预设问题或任务、即时问题等）构建自然、合理。
		2. 学生的参与度广，积极性高。
		3. 学生能够体验到思维的碰撞。
		4. 促进了集体智慧的生成。
		5. 信息技术的应用（如提升研讨情境的生动性或真实性等）对于提升交流研讨的效果是不可或缺的。
探究建构	指学生采用自主或合作探究的方式建构知识或完成学习任务。	1. 探究建构的主题有意义，能够激发学生自主、合作、探究的意愿。
		2. 学生能积极、主动参与探究过程。
		3. 教师的指导有助于学生自主获得对核心概念、过程方法、认知策略等的深刻体验与理解。
		4. 有助于发展学生的高级思维。
		5. 信息技术的应用对于提升探究建构的效果（如激发思维、发展思维品质、促进建构的深度和广度、构建合作环境等）是不可或缺的。
复习提升	教师在复习教学中促进学生巩固已学知识，深化理解。	1. 教学活动有助于发现问题和针对性指导。
		2. 学生能够理解知识之间的关联。
		3. 有助于学生掌握学习方法，提升归类、整合、系统化的能力。
		4. 有助于学生深化对已学知识的整体理解与运用。
		5. 信息技术的应用对提升复习巩固的效率（如即时反馈、在线测试等）和深度（如可视化、结构化等）不可或缺。

特色指标	对指标的描述	观察点
评价反馈	教师与学生开展的即时提问、检测练习、作品评价等活动。	1. 评价反馈的组织实施与教学目标达成紧密相关。
		2. 评价工具的设计科学、操作性强。
		3. 评价跟随的指导行为及时有效。
		4. 过程性评价所呈现的结果为后续学习提供有效导引。
		5. 信息技术的应用对于提升评价反馈的效果（如反馈的即时性、交互性、针对性和全面性等）是不可或缺的。

"信息技术与课堂教学融合"评价指标（二）

特色指标	对指标的描述	观察点
技能训练	引导学生通过练习、操作、体验等活动，提升某种专门技能。	1. 技能示范准确清晰。
		2. 指导切中要害。
		3. 活动富有创新，能充分调动学生的参与积极性。
		4. 有效解决了技能训练中的重难点问题。
		5. 信息技术的应用对于技能的提升（如参与程度、示范清晰度、即时反馈、过程分析等）是不可或缺的。
方法习得	启发和引导学生获得认知层面的策略、方法。	1. 教师的启发和引导巧妙。
		2. 学生活动精练、有层次。
		3. 学生参与度高。
		4. 学生能够深刻领悟学科思想方法和认知策略。
		5. 信息技术的应用（如创设情境、丰富体验等）对于提升方法习得的效果是不可或缺的。

续　表

特色指标	对指标的描述	观察点
实验操作	师生运用实验设备，观察事物及其变化过程，探求科学规律。	1. 实验过程设计科学、有新意。 2. 学生深度参与。 3. 实验过程有助于学生掌握实验方法与技能。 4. 实验过程有助于学生理解本质、发现规律。 5. 信息技术的应用（如创设数字化实验环境、采集与处理实验数据、突破时空、支持试错、丰富体验等）对于提升实验操作的效果是不可或缺的。
情感涵育	教学过程中学生内在的情感、态度、价值观得到唤醒或涵育。	1. 情感涵育的主题在教学中自然呈现。 2. 情感唤醒、形成或发展的过程真实、可信。 3. 所激发的情感富有正能量。 4. 对学生产生深层次的影响。 5. 信息技术的应用（如创设浸润体验情境等）对于提升情感涵育的效果是不可或缺的。
模式创新	教学方式、教学流程、教学时空、参与者范围等呈现出与众不同、与常规不同的特点和新意。	1. 教学模式使学生学习效率得以显著提高。 2. 教学模式使学生的学习质量得以显著提高。 3. 关注学生差异，有助于个性化教学。 4. 教学模式清晰，易于复制和推广。 5. 信息技术的应用是此模式成功（如改变教学流程、突破教学时空、扩大参与者范围等）不可缺少的一部分。

　　表一注重的课堂的基本流程，从导入到新授，再到复习检测；表二注重技能、方法、实操、情感以及课堂教学的模式。在评课指标制定时，学校围绕确定的主题，根据需要选取两者的评价指标，并进行组合，以适合学校的需要。

有两点需要说明：

一是以上指标可以继续细化，如"学生体验到思维的碰撞"，可以再从学生交流的时间、交流的范围、交流后的结果等多个方面进行详细分解，以更利于操作；二是评价量表的制定与使用是有区别的，在评价指标编制时，要尽量考虑周全，涵盖广一些，但是在评价指标使用的时候，不可面面俱到，要根据不同的需求、阶段重点选取其中的一个或者几个指标开展评价。

【样例评析二】

无论是信息技术与课堂教学的融合，还是常规的听评课，都要思考"什么样的课堂是好课堂""高效自主的课堂应该具有哪些要素""信息技术与课堂教学的融合都体现在哪些方面"等核心问题。而这些要素与要素的核心属性就构成了课堂的"观察维度"与"观察点"。

"观察点"就是对研修主题的理解，对课堂教学的理解。观察课堂就要先理解课堂，框架与体系就是对课堂的深入理解，也为教师理解课堂提供了支架。"观察点"也是观察任务。制定了观察点，教师在观课时就有明确的任务，评课时自然就会将此作为评课依据。

"评价指标二"中的"特色指标"，是对课堂观察的定位，使教师对课堂观察更有方向感，使观察者更明白观察什么。对指标的描述，是对指标的具体解释说明；而观察点是对特色指标的分解。各校还可以对观察点根据实际需要进行调整，以利于操作。

各校在研制观课框架时，有几点事项需要注意。

一、框架只是参考

观课时，要把所有的观察点都罗列出来，这是不现实的，上表是给各校确定观察点时的参考与借鉴，各校在具体操作时需要根据实际情况进行增删。

二、观课框架重点要突出

在实践中，各校要依据研修主题，将观察维度与观察点进行重新摆布，不可贪多求全，然后按照新课程的理念，依据学校的现实需求，确定现阶段观察重点，特别是要突出对学生学习的观察。

三、观课框架要进行个性化研制

带领教师研究如何观课议课，研制课堂教学的观察点，这些也是校本研修。教师们知道了如何观课议课，也就知道了如何上课。组织教师针对不同学科确定不同的观察点，这本身就是很好的校本研修，不可忽视。

附：沈毅、崔允漷的课堂观察框架（第三版）[①]

维度一：学生学习	
视角	观察点举例
准备	课前准备了什么？有多少学生作了准备？ 怎样准备的（指导/独立/合作）？学优生、学困生的准备习惯怎样？ 任务完成得怎样（数量/深度/正确率）？
倾听	有多少学生倾听老师的讲课？倾听多少时间？ 有多少学生倾听同学的发言？能复述或用自己的话表达同学的发言吗？ 倾听时，学生有哪些辅助行为（记笔记/查阅/回应）？有多少人发生这些行为？
互动	有哪些互动/合作行为？有哪些行为直接针对目标的达成？ 参与提问/回答的人数、时间、对象、过程、结果怎样？ 参与小组讨论的人数、时间、对象、过程、结果怎样？ 参与课堂活动（小组/全班）的人数、时间、对象、过程、结果怎样？ 互动合作习惯怎样？出现了怎样的情感行为？
自主	自主学习的时间有多少？有多少人参与？学困生的参与情况怎样？ 自主学习形式（探究/记笔记阅读/思考练习）有哪些？各有多少人？ 自主学习有序吗？学优生、学困生情况怎样？
达成	学生清楚这节课的学习目标吗？多少人清楚？ 课中有哪些证据（观点/作业/表情/板演/演示）证明目标的达成？ 课后抽测有多少人达成目标？发现了哪些问题？

① 沈毅，崔允漷. 课堂观察：走向专业的听评课［M］. 上海：华东师范大学出版社，2008：104-106.

维度二：教师教学	
视角	观察点举例
环节	教学环节怎样构成（依据/逻辑关系/时间分配）的？ 教学环节是怎样围绕目标展开的？怎样促进学生学习的？ 有哪些证据（活动/衔接/步骤/创意）证明该教学设计是有特色的？
呈示	讲解效度（清晰/结构/契合主题/简洁/语速/音量/节奏）怎样？有哪些辅助行为？ 板书呈现了什么？怎样促进学生学习的？ 媒体呈现了什么？怎样呈现的？是否适当？ 动作（实验/制作/示范动作）呈现了什么？怎样呈现的？体现了哪些规范？
对话	提问的时机、对象、次数和问题的类型、结构、认知难度怎样？ 候答时间多少？理答方式、内容怎样？有哪些辅助方式？ 有哪些话题？话题与学习目标的关系怎样？
指导	怎样指导学生自主学习（读图/读文/作业活动）？结果怎样？ 怎样指导学生合作学习（分工/讨论活动/作业）？结果怎样？ 怎样指导学生探究学习（实验/课题研究/作业）？结果怎样？
机智	教学设计有哪些调整？结果怎样？ 如何处理来自学生或情境的突发事件？结果怎样？ 呈现哪些非言语行为（表情/移动/体态语/沉默）？结果怎样？

维度三：课程性质	
视角	观察点举例
目标	预设的学习目标是怎样呈现的？目标陈述体现了哪些规范？ 是根据什么（课程标准/学生/教材）预设的？适合该班学生的水平吗？ 课堂有无生成新的学习目标？怎样处理新生成的目标的？

续　表

维度三：课程性质	
视角	观察点举例
内容	怎样处理教材的？采用了哪些策略？ 怎样凸显本学科的特点、思想、核心技能以及逻辑关系的？ 容量适合该班学生吗？如何满足不同学生的需求？ 课堂中生成了哪些内容？怎样处理的？
实施	预设哪些方法？与学习目标适合度怎样？ 怎样体现本学科特点？有没有关注学习方法的指导？ 创设什么样的情境？结果怎样？
评价	检测学习目标所采用的主要评价方式有哪些？ 如何获取教/学过程中的评价信息（回答/作业/表情）？ 如何利用所获得的评价信息（解释/反馈/改进建议）？
资源	预设哪些资源（师生/文本/实物与模型/实验/多媒体）？怎样利用？ 生成哪些资源（错误回答/作业/作品）？怎样利用？ 向学生推荐哪些课外资源？可得到程度怎样？

维度四：课堂文化	
视角	观察点举例
思考	学习目标怎样体现高级认知技能？ 怎样以问题驱动教学？怎样指导学生独立思考？怎样对待学生思考中的错误？ 学生思考的习惯怎样？ 课堂/班级规则中有哪些条目体现或支持学生的思考行为？
民主	课堂话语（数量/时间/对象/措辞/插话）是怎样的？怎样处理不同意见？ 学生课堂参与情况（人数/时间/结构/程度/感受）是怎样的？ 师生行为（情境设置/叫答机会/座位安排）怎样？师生/学生间的关系怎样？ 课堂/班级规则中有哪些条目体现或支持学生的民主行为？

续　表

维度四：课堂文化	
视角	观察点举例
创新	教学设计、情境创设与资源利用是怎样体现创新的？ 课堂有哪些奇思妙想？学生如何表达和对待？教师如何激发和保护？ 课堂环境布置（空间安排/座位安排/板报/功能区）怎样体现创新的？ 课堂/班级规则中有哪些条目体现或支持学生的创新行为？
关爱	学习目标怎样面向全体学生？怎样关注不同学生的需求？ 怎样关注特殊（学习困难/残障/疾病）学生的学习需求？ 课堂话语（数量/时间/对象/措辞/插话）、行为（叫答机会/座位安排）怎样？ 课堂/班级规则中有哪些条目体现或支持学生的关爱行为？
特质	在哪些方面（环节安排/教材处理/导入/教学策略/学习指导/对话）体现特色？ 教师体现了哪些优势（语言/学识技能/幽默/情感/表演）？ 师生/学生间关系（对话/话语/行为/结构）体现了哪些特征（平等/和谐/民主）？

第三节　混合式校本研修的环境搭建

　　混合式校本研修需要环境支撑，以便于混合式校本研修的组织与开展。那么，搭建一个怎样的硬件与软件环境，才有利于混合式校本研修的顺利进行？在诸多环境要素中，哪些要素对混合研修环境起决定性作用？技术在课堂教学中的应用，应该以什么作为主要原则？如何通过数据分析与建模实现精准研修？

案例启思

　　在周一学校的工作例会上，张英主任说："彭校长，昨天我在心理咨询室录微课，录了好几遍，不是老师就是学生，总有人打扰，真影响情绪，能不能给老师们一个相对安静的空间？"

刘主任听了，也接过话头说："校长，区里让咱们参与省教研员的一对一帮扶活动，他们会通过线上每周听一次咱们老师讲课，并及时点评。老师选好了，但设备和网络跟不上，怎么办？"

张主任又抢过话头："我还没说完呢，咱们老师在研究中，经常有一些非常好的反思、随笔，很值得其他老师学习，但现在根本没有地方发，发到微信群中，一会儿就被'收到'或其他事情给淹没了，想查阅一些以往的资料，几乎没可能。"

......

彭校长自然深知混合式校本研修对教师专业成长与学校发展的重要作用，就与侯副校长、张副书记商量："你们商量一下，看老师们在开展校本研修时需要搭建一个怎样的混合式校本研修环境？这个环境应该有哪些硬件与软件的支撑？学校要通过研修环境的建立，形成优良的混合式校本研修氛围，促进教师们自主研修、自觉研修。大家都认真思考一下，尽快拿出一个方案，这关系到教师与学校的发展，学校无论是从财力上，还是人力上，都会给予大力支持。"

问题剖析

从上述的案例中，我们可以看到，传统的校本研修活动，无论是研修的过程，还是研修成果的发布，都需要进一步优化：老师们在进行研修时，线上通过微信群进行备课或反思交流，交流后，难以查询；学校组织老师们网上学习，每次研修后，材料通过 QQ 分享，不方便教师整理；在线下的听评课，每位老师拿着一个听课本听课，边听边记录，评课后听课本自己留存，比较零散……如何形成数字资源并使之体系化？对有价值的内容按照相关维度进行分析统计，形成可借鉴的数据，以便于教师查阅、学习。

很多学校也在组织老师们进行校本研修，但老师们的听课与反思等关键信息没有作为资源进行共享，研修的成果没有形成序列，无论是扩散还是检索、学习，都不方便。据统计，截至 2019 年，全国各个省（自治区、直辖市）都已开通省域内的教师网络研修平台，50％的平台没有教师交流互动的板块，80％的网络研修平台没有实时在线研讨的功能板块，还有 30％的平台对教师是否参与研修没有评价标准和体系①。

"互联网＋环境"下的校本研修越来越受到关注，疫情过后，研修方式的转变已成为当下的热点。如何借助"互联网＋"的优势，搭建系统开放、资源可选、功能多元的混合式校本研修环境？如何打造"人人皆学、处处能学、时时可学"的线上线下混合式教师教育研修体系？这些问题关系到校本研修的持续发展。

一、近年技术促进研修活动变化的发展脉络

在国内，随着互联网技术的发展，陆续出现了"教研博客""教研云平台""wiki""在线实践社区"等网络研修形式。自 2012 年起，"TPACK"受到重视，2015 年起，"教师工作坊""大数据""混合式培训"成为研究新热点②。教研形态出现了从传统教研到信息化教研，再到混合式研修的变化趋势。也就是说，混合式校本研修不单单是将互联网作为工具，而是更加注重以互联网思维，将用户思维、迭代思维、社群思维、跨界思维、流量思维、整合思维、开发思维、痛点思维、简约思维、大数据思维等融入教研生态之中，促进研修走向深入。

二、混合式校本研修的方式与流程

混合式研修既是教师专业发展的重要方式，又属于特殊的混合式教学、混合式学习。因此，应当在遵循教师专业发展规律的基础上，以混合式教学设计的理念、方法设计实施路径。

混合式校本研修需要必要的环境支撑。良好的混合式学习环境会激励教师主动参与研修，并使教师在进行混合式校本研修时无障碍。反之，不良的混合式校本研修环境，会影响与阻碍学校混合式校本研修的良性发展。

---

① 柴干. 5G 时代背景下教师网络研修的创新探究 [J]. 科技视界，2020，（07）：240-242.
② 胡小勇，冯智慧. 在线教研实用指南 [M]. 广州：广东教育出版社，2020：9.

三、混合式校本研修环境搭建应遵循的原则

混合式学习具有个性化、便利性和低成本三大优势，这也是混合式校本研修环境建设时所应体现出来的原则。混合式研修的环境搭建，要符合现代的研修理念，在关键的研修理念实现关键转变[①]。

个性化：为教师提供个性化的研修环境，就需要提供丰富的课程资源，这些课程资源要存放在一个便于检索的资源库中，教师根据研修任务，可以自己在课程库中选定相关资源，进行研修。

便利性：在技术支撑的环境下，教师的教研渠道不断拓宽，教师的教研效率不断提高。混合式校本研修的便利性，主要体现在互动的便利、操作的便利、统计的便利等几个方面。课程信息经过教师的理解，又不断产生了新的信息，这些新的信息经过流动，产生研修价值。所以，混合式校本研修环境的搭建，要有利于教师网络信息交流，有利于信息发布、整理以及相关的统计，以通过促进信息流动，增强研修深度。

低成本：研修活动的低成本，主要是指教师在研修活动中，最大限度地节省人力与财力。如专家远程指导，组织教师开展移动听评课或主题研修等活动，通过适当的环境搭建，使专家引领、同伴互助、自我反思等研修方式在减少相关成本的前提下落到实处。

解决策略

大数据、人工智能、"互联网＋"等新一代信息技术发展的浪潮，席卷了社会的各个领域，很多行业因为互联网时代的到来而不断重新洗牌。传统的校本研修已远远不能满足学校校本研修现代化、智能化的需求，"互联网＋"为校本研修注入时代基因，推动了研修模式的创新，也促进了校本研修的变革。

学校要努力建成集信息开发、应用、建设、管理与服务于一体的，全校上下贯通、运转协调、便捷高效的比较完整的信息技术支撑体系。通过环境

[①] 冯晓英，郭婉瑢."互联网＋"时代的混合式教师研修：理念与实施路径［J］.教师发展研究，2021，5（01）：33-40.

建设，推动信息技术与课堂内外教育教学活动深度融合，促进校本研修资源、平台、应用和服务的深度融合。

一、优良的混合式研修环境具备的特征

在信息技术支持下，学校应依托开放、动态、交互的网络平台，搭建丰富的研修活动场景，实现研修学情的实时监控，研修模块的多样供给，研修课程的自由组合，生成资源的成果统筹等多个方面功能。

优良的混合式研修环境，能够有效支持混合式校本研修，统筹研修过程，加强研修组织管理，指导验收生成性研修成果，为研修活动过程监控提供有力保障。

优良的混合式研修环境，能促进学习共同体的建立，拓展教师的互动空间，为学校的混合式校本研修提供更为开放的专业引领和网络学习空间。

优良的混合式研修环境，能促进成果展示推广平台的搭建，提供优秀课例、优秀教学成果的生成模板、诊断评价工具，帮助教师对自我教学行为及结果进行审视和分析。

优良的混合式研修环境，能提供恰当的研修模式——在自选式资源推送，聚焦课堂教学、课例研究、作业评价改革等内容，满足教师学习需求，有效解决教师教育教学实际问题。

优良的混合式研修环境，能有效地支持教师自主选学。平台能够提供自主选学的课程资源，也可以提供课程资源包，实现研修的个性化。

总之，理想的混合式研修环境，能方便学校和教师自主制定和实施研训方案，自主选择研训内容和资源，自主制定专业发展计划，有组织、有针对性地开展校本研修活动，能够将目的、内容、形式、活动、管理等方面有机融合在一起，实现"研"与"修"一体化，促进教师发展专业化，凸显混合式校本研修的针对性、灵活性、自主性、实效性。

二、混合式研修环境的搭建

（一）硬件环境方面

1. 学校宽带

随着经济的不断进步以及社会的不断发展，学校教师对移动网络设备有

了更高的要求，他们要求移动设备能流畅播放学习视频。这就需要在校园内覆盖高速的无线网络，让无线网分布在校园的每一个角落，避免因网络问题影响师生的研修热情。

为了保障校园无线网络的安全，学校要对校园无线网络进行安全管理。校园无线网络必须要能够抵抗用户利用专用工具的恶意攻击，还要能防止不法分子的进入，要做好安全防护，增设内部防火墙，安装追踪记录系统，还可以通过入网资格验证等方式加强网络的安全性。

2. 录播教室建设

录播教室使用简单，功能强大，是推动教师专业成长的有效工具。录播教室可以通过快速搭建在线教学教研平台，为教师专业成长提供数字化教研通道，在短时间内就能实现优质教育资源区域共享。

依托录播教室平台，各个学科不同教龄段、不同需求的教师都可以开展教育教学的相关研究，教研组可以在录播教室开展有生上课和无生上课活动。

无生上课不需要学生参与，也不需要专业人员的支持，时间灵活，随到随用。年轻教师可以通过录播教室录制自己的上课实景，通过回看，从旁观者的角度审视自己的课堂，找出自己平时不易觉察的、细小的问题，比如口头语、小动作等，根据发现的问题再通过无生上课等方式，有针对性强化训练，在自我反思中锤炼教学基本功，进而快速成长，站稳讲台。有生上课就是正常的教学场景，可以对教师进行全面考查，老教师可以根据课堂实录进行指导纠正。无生上课用于训练，而有生上课用于诊断。

录播教室平台的直播和点播功能还可以打破地域的限制，实现有效的在线教学和教研。在本校录播教室进行教学，其他学校的师生也能实时收看到教学场景，并进行现场互动，这样的场景可以用于在线教学，也可以用于在线教研；可以是名师示范教学，远程教师参与学习，也可以是名师远程听课，在线指导，现场没有解决的问题还可以在平台上继续交流。

3. 研修平台与学校网站建设

混合式研修要遵循集中研修与网络研修相结合、自主学习与专家引领相结合、协作交流与个人反思相结合、过程评价与结果评价相结合的原则。网络研修重在专家引领、课题研究，反思实践、交流研讨、成果展示、辐射带动。这些都需要一个功能完善、操作便捷的网络研修平台做支撑。

研修平台要能让不同角色完成不同任务：学校管理者对学习研修的情况进行总体概览和把控。培训专家通过工作坊的形式，为参训教师提供课程资源、发布任务，并提供在线答疑、作业评价、问卷调查、跟踪服务和学情监测评价等服务。参研教师在研修中能够对过程信息与结果信息进行集中存储，以便于检索和流动，同时能够开展在线学习、讨论交流、成果分享、日志留言等活动。

研修平台在设计时要特别关注人际交互功能的实现，充分利用集中研修阶段建立的情感交流和协作小组基础，让参训教师利用平台提交教学和教研问题，发起聚焦课堂教学的研讨话题，发布教学反思和研修文章，回复同伴问题帖和研讨帖，接受培训专家远程跟踪指导和班级同伴帮助，获取专业引领和资源服务，使集中研修与网络研修一体化，实现研修多个相关要素的有机融合。

（二）软件环境建设

在混合式校本研修中，目前一个平台很难实现所有功能，这就需要教师掌握相应的技术工具，方便开展研修活动。

1. 资源存储类

（1）适用的研修场景

用于教师的培训学习资源、研修的成果资源、教学设计及课件资源等的存储与共享。学校组织校本研修，应着重理清现有的各类文本资源、课件资源、音像资源的管理目录，以便于检索、使用。

（2）所需的软件工具

适用于资源存储类的研修技术工具有：研修平台、学习空间、腾讯微云、百度网盘……

研修平台，是为教师研修打造的学习、交流平台。教师可在平台上开展主题式、案例式、任务驱动式校本研修，学习的同时，增加互动、协作、交流的机会，从而获取更好的研究问题和培训学习的策略，即利用信息化手段打破常规教研活动存在的教研空间受限、教研过程难以记录、教研成果难以积累等瓶颈问题。研修平台建设一般情况下需要较大的费用，学校可依托国家、省市的研修平台开展校本研修，具体的研修成果可以利用本校的学习空间等进行存储与展示，便于教师使用。

腾讯微云、百度网盘都是目前简单易用的大牌云存储软件，教师可将文档、图片、视频、音频等教研文件上传储存在云端。腾讯微云和百度网盘可在电脑、手机等多种类型设备上使用，需要用户注册账号。教研组长可以注册一个教研组的公用账号，方便教研资源上传、保存、下载等，并可跨终端随时随地查看与分享。

2. 直播回放类

（1）适用的研修场景

讲座培训、双师课堂、上课、移动听评课、课例分析。

（2）所需的软件工具

适用于直播回放类的研修工具有：钉钉、腾讯会议、cctalk……

钉钉、腾讯会议都是支持数字化办公的管理软件，支持在线教研、在线课堂、行政办公等一系列应用场景，可以进行群直播、视频音频会议，并提供研讨互动、屏幕共享等多样化功能，可以实现多端灵活参与、高效在线协作、随时回看直播。

cctalk 也是一款在线直播软件，其最大的优势是支持大规模的在线直播活动，并提供完整的数据记录和便利的资源管理。

3. 在线互动类

（1）适用的研修场景

在线教研、集体备课、移动听评课。

（2）所需的软件工具

适用于在线互动类的研修工具有：UMU、问卷星、小打卡……

UMU 互动学习平台是一款易学易会的互联网教学工具，支持教师开展丰富有趣的在线教研活动，拥有网页、手机 App、微信小程序等多种形式，支持电脑、手机等多种设备。教师可以选择输入网址直接参与活动，也可以下载手机 App 或登录微信小程序进入平台。UMU 互动学习平台不仅可以为移动听评课等在线教研搭建平台，呈现视频、文档、图文等多媒体内容，还能基于大屏幕实现问卷、提问、游戏、抽奖等多种形式互动，老师们听课时，依据制定的课堂观察框架，即时分享所感、所得，所有听课教师边听课、边评课，使评课更有实效。后台准确的记录数据和反馈结果，满足一站式教研活动需求。

问卷星是一个集调查、测评、投票功能于一体的专业在线问卷平台，教师无须下载和安装，打开网址即可享受在线设计问卷、采集数据、自定义报表等系列服务，当然，也可以直接在微信小程序和手机 App 上使用。问卷星不仅易发放、回收快，而且具有分析能力强的明显优势，可用于研修前收集学情、研修中开展调查、研修后收集建议。

小打卡是一款可以发起一键打卡、在线学习、教师点评、学员交流等活动的免费小程序，适用于在线研修或混合式校本研修活动，教师无须下载和安装，打开微信小程序即可随时随地地在电脑、手机等多种设备上参与互动，实时开展在线教研。

4. 编辑整理类

（1）适用的研修场景

集体备课、教学反思、成果整理。

（2）所需的软件工具

适用于编辑整理类的研修工具有：腾讯文档、快影、格式工厂……

腾讯文档是一款可多人同时编辑的在线文档，支持在线编辑 Word、Excel、PPT、PDF 等多种文档类型。教师无须下载与安装，打开网址即可在电脑、手机等多种类型设备上随时随地查看和修改文档，并可实现在线实时保存。相比于传统的研修工作，利用腾讯文档开展在线研修的优势在于可多人协作编辑，多端同步更新，实时云端保存。比如研修后整理研修成果，即可以通过腾讯文档的在线编辑，发言人将自己的发言主要内容依据框架和要求进行编辑，学校端自动生成研修成果的汇总。

快影是一款简单易用的视频拍摄、剪辑和制作工具。快影有剪辑、变速、自动添加字幕、视频放大、转场、倒放、滤镜等强大的视频编辑功能，另外其丰富的音乐库、音效库，让教师在手机上就能轻轻松松完成视频编辑和视频创意，制作出令人惊艳的趣味视频。

格式工厂是一款功能强大、操作简便的多媒体文件转换工具，可以帮助教师按需快速地将教研音频、图片等文件转换到指定格式，还具备快速剪辑、去除水印、画面裁剪、视频合并、DVD 视频抓取等功能。

5. 宣传展示类

（1）适用的研修场景

发布研修公告、展示校本研修成果（随笔、论文、课题等）、宣传校本研修活动。

（2）所需的软件工具

适用于宣传展示类的研修工具有：公众号、校园网、美篇、草料二维码……

校本研修成果可以利用校园网、公众号、美篇、草料二维码等技术工具进行发布、宣传与展示，让更多的教师受益。如因为资源过大，不方便传输，可以利用草料二维码生成器，它可以将文本、网址、文件、图片、音视频等多种类型的研修材料生成二维码，并及时分享，还可以采集签到信息等表单数据，以提高研修活动效率。此外，教师可通过微信小程序查看数据收集情况及创建、收藏的二维码信息。

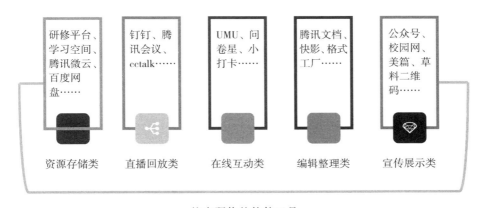

校本研修的软件工具

三、文化环境的创建

人类学家墨菲曾说："文化不仅告知我们应如何行动，而且也告诉我们对他们能够期望什么。"①

---

① 罗伯特·F. 墨菲. 文化与社会人类学引论［M］. 王卓君，译. 北京：商务印书馆，2004：38.

环境文化的核心内容和深层结构，是学校的校风、文化，以及价值追求，学校作为教师重要的学习与实践场所，要通过环境的布置，传递和塑造研修文化。通过构建开放的、有序的、个性的研修环境，创设从集体研修到按需学习、从整体学习到个性学习的文化场景，营造科学严谨、积极进取、开拓创新的研修氛围，体现蓬勃旺盛的生长力。

学校研修文化环境的建设，影响着教师的价值观念，同时又会制约教师行为，使之在不知不觉中接受影响，从而形成良好的学习与反思心理，产生积极的研修行为。

样例展示

吉林省教育学院在进行"综合改革示范性项目湖南省首批教师培训培养对象高端研修班"的培训中，采取翻转式研修策略，对学员培训空间环境的布置和培训文化氛围营造方面，进行了精心的设计，培训教室的功能定位已不简简单单是上课场所，而是将其打造成资源空间、课程空间、文化空间，将其设计成"五大区域"，力图让教室中的每一面墙壁都有价值、都有内涵、都有文化[①]。

区域	内容	作用
引导区	用于整体介绍培训的设计理念与结构，以及培训课程路线图	做到全员知晓培训目标
课程区	展示各门课程海报，讲述每门课程的目标定位与内容框架	为学员提供实现目标的课程
资源区	提供培训必备的 10 项信息技术以及未来培训实践中可能用到的 40 项技术	支持混研的技术工具
评价区	呈现本次培训的考核办法及记录五个培训小组的考核得分	激励每个小组努力争先
成果区	展示培训过程中学员个体及研修小组的各项优秀成果	加强同伴间优秀知识的传播

---

① 宋海英，王姣姣."翻转式培训"模式的构建与实施策略［J］. 当代教育与文化，2018，10（05）：55-60.

【样例评析】

上述案例通过物理环境的搭建，使培训学员置身于混合式研修的氛围之中，清楚培训与研修框架，进而积极投入研修。这个混合式研修环境体现了以下几个特点：

一、设计理念体现了"学习者为中心"的思想

培训学员置身在研修环境中，就能强烈地感受到以学习者为中心的混合式研修理念，并能自然地融入其中。在引导区，学员清楚了本次培训的目标定位，研修行走路径；在课程区，学员可以根据自身需要进行个性化学习；在资源区，主要呈现的是学员在混合式研修时用到的技术工具；在评价区，有清晰的考评指标，采取小组与个体相结合的考评方式，学员个体要完成"三个一"的任务，即完成 10 个必备的信息技术通关任务，制作一节微课，完成一份学习任务单设计，小组整体也要完成"三个一"的任务，即制定一个小组课题研究计划，改造一门翻转培训课，撰写一份课题研究报告。成果区，用来展示学员的学习成果。这也是任务驱动，学员从培训初始就清楚了结果，学员的学习指向性清晰、明确、具体。

整个研修环境的布置，培训者着力呈现的不是专家的"知识传递"和"被动听讲"，而是力图营造一种能够让知识快速流动的氛围，使参训学员结合真实教学情境和真实问题进行参与式学习。整个设计，需要学员结对完成相关学习任务。学员若在完成任务过程中遇到问题，可以到课程区、资源区去寻找解决办法。这种以学员为主体的混合式学习，调动了学员的主动性与能动性，使学员由被动学习转向主动学习。

二、研修过程强调了"实操"的导向

以往学员的学习往往注重的是理论学习，如何处理好教师的理论知识与实践知识的张力，始终是国内外教师研修的难点和痛点。教师学习的最终的目的是能应用于实践，能上好课，能使用相关技术完成教学任务。

"721"学习法则告诉我们，在培训中，只有 10％ 的技能形成和提升来源于正式学习，20％ 的技能形成在与人交流的社交学习中产生，70％ 的技能形成是通过实践学习产生的，也就是说，要让学习与实操（工作）真正结合，持续发展，才能发挥培训或研修工作的作用，实现研修价值。

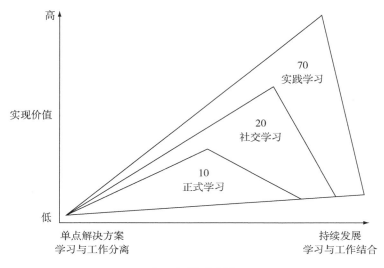

"721"学习法则

混合式教师研修旨在促进教师主动学习和专业能力提升。在上述案例中，培训者注重的是学员的实践操作的考评，学员为了完成任务，则需要学习相关理论，学习后，在参与、协作、互动中完成自我的知识建构与能力的提升。在上述案例中，小组与个体的"三个一"，考评的是实操，还采取"积分制"排名，即课堂积极发言积分、优秀成果展示积分、制作学习简报积分、上传学习资料积分、分享学习心得积分，这些积分方式指向的也是实操。

三、研修方式注重了"结构"的改变

布鲁姆从认知领域将学习者对知识的领悟程度由低级到高级分成"识记、理解、应用、分析、评价、创造"六个层次，这六个层次又可以分为浅表学习和深度学习两大方面。前两个层次识记、理解指向浅表学习；后四个层次指向深度学习。从布鲁姆教育目标分类学这一视角看，传统的研修方式是以专家讲授和知识传递为主，强调学员对知识的理解与记忆，而很少关注操作与应用。这就会出现学员在学习中习得了相关的培训知识与技能，但脱离的

培训环境实操时往往因多种原因，导致成果转化率很低。

混合式研修方式，改变了以往的学习结构，将学习重点放在了"知识的迁移与应用"上，学员们通过培训前的学习，以及培训时根据课程区的相关资源，边实操边学习，边学习边实操，将实操与学习相结合，用实操应用来促进学习，强化了学员对知识的内化吸收与实操应用，从而提升了学习效果。

作为学校管理者，在硬件、软件上进行相关配置时，必须理解"教"与"学"之间的关系，并认识到线上线下混合式研修和加强校际协作的重要性，通过创新来改善对学习环境的设计，体现情感、自主、协作、探究等要素，营造混合式研修氛围，使教师自觉主动地完成研修任务。

第四章
混合式校本研修的组织与实施

开 篇 小 语

　　"世界上最遥远的距离不是天涯海角，而是从'头'到'脚'的距离"。这说明"非知之艰，行之惟艰"，道理很朴素，但很有深意。理论和实践就如同"想"和"做"一样，本是两回事。飘在空中的理论如不能落地实践，就是浮云。如何把校本研修的设计与规划落实到行动上，如何面对混合式校本研修的诸多要素，是混合式校本研修落地的最后一公里。

第一节　关键人物的引领

关键人物之所以关键，是因其在关键时候不可替代。关键人物在混合式校本研修中的作用也是如此。校长如何在管理的同时最大限度地激发关键人物的活力，产生最大的效益？如何为关键人物搭建发挥效用的平台？如何引领他们带领团队向前发展？

案例启思

为了提高教师的业务素质，刘校长费了好大的周折，请全国知名专家给全校教师做线上培训。培训主题是"如何提高线上教学实效"，老师们纷纷表示收获很大。

刘校长决定趁热打铁，要求全校教师按专家教授的方法，通过课堂实践进一步验证，以提升线上教学水平，适应后疫情时期的"双线混融"教学。

过了几天，刘校长问收获时，老师们纷纷表示："校长，我们不会呀。""校长，不好意思，我没尝试。"……

听课时，没有因为"时空分离"影响效果，相反，在实践中，全校教师并没有深入进去，也没有真正研究起来，还是处于浅表的完成任务状态。这是什么原因呢？面对这种情况，从哪里着手解决呢？刘校长陷入了沉思。

问题剖析

一份完美的方案不等于完美落实。当下，很多学校在开展混合式校本研修时，受到诸多客观因素的影响，效果不尽人意。上述案例体现了以下几个方面的不足：

一、学校管理缺位

开展混合式校本研修，是教师专业成长的关键，是提高教学质量的关键。校长要清楚地认识到混合式校本研修在学校发展中的重要作用。因此，校长不仅是学校的第一责任人，而且要成为混合式校本研修的第一责任人，要通过愿景、规划、组织、激励、协调等多方面措施，与教师一同行走在混合式校本研修的路上。

混合式校本研修的开展需要各种配套条件，才能取得成效。但事实上，还有很多因素成为研修推进的阻力。主要表现在：

一是应试教育对校长与教师的影响在短期内难以得到根本改善，教师的中心任务仍然以升学考试为目标，这就导致教师把主要的时间与精力都投入到试卷教学与反复训练当中，而且很多学校对教师的评价也是以升学率为标准，教师的思想、工作负担都很重，他们显然不会拿出精力去进行未知的、漫长的研修工作。

二是有的校长搞研修活动，也只是片面地追求形式化的校本研修活动的表现形式，请领导及相关人员到场而已，针对性、实效性均难以得到保障，教师在教学任务很重的情况下，开展这种校本研修活动，自然会产生抵触心理，敷衍行事，从而严重影响混合式校本研修的开展。

三是校本研修与教学实际脱节。研修的内容不能在课堂上应用，这就不是"基于课堂"。作为校长，要清楚混合式校本研修是教师专业发展的方式和手段，校长要紧紧围绕如何提高教师执教水平，组织教师深入开展课例研修，加强典型案例的学习，有目的、有针对性地学习教育理论和信息技术，在学习中注重教学迁移，并以真实的教学任务为驱动，开展教学创新实践研究。

四是校长不参与研修，放任不管。"校长好好学习，老师天天向上；老师好好学习，学生天天向上"。对课堂教学的理解与把控能力是一个校长的"功力"体现。作为校长，不能成为混合式校本研修的旁观者，要和老师一起，积极学习，亲自参与其中，研究课堂，研究教学，研究问题，研究改进，成为课堂教学改革的行家里手。

二、骨干带动缺乏

开展混合式校本研修，在学校外部的引领者是专家、教研员，专家的确能将学校的混合式校本研修引向深入，但仅靠专家的引领显然不现实，外部的力量是有限的，他们能帮我们指引方向、介入修正，给学校"输血"，但不能起到决定性的作用，归根结底要依靠我们自身的"造血"。校内缺乏有力的引领者，这是目前制约混合式校本研修有效、持续发展的主要因素之一。

　　学校的骨干教师虽然熟悉本校的情况，但是能带动学校混合式校本研修的骨干教师并不多。在调查中发现，在学校实际担当引领者角色的教师素质欠佳，有的骨干教师故步自封，虽然在本校内依然是骨干，但从实际带动的效果上看，难以起到引领作用。正是由于多数中小学，特别是学校规模不大、教师数量不多的学校，缺乏优秀的带动者，因而，混合式校本研修只得停留在表面，难以满足研修的实际需要。案例中，没有教师认真研究，就表明学校缺少骨干教师的带头示范。

三、主体地位缺失

　　混合式校本研修是以教师为中心的教学研究，可以说教师在校本研修中处于中心位置。事实上，许多教师习惯于模仿，只求专家或教研员告诉他们一招一式，缺少自己的思考与创新，尤其是遇到问题或困难时，缺少钻研与求证的精神。

　　当然，很多地方的教师由于教学任务过重，其课堂教学的研修基本上依赖于教研员或其他专业研究人员，教师们只是被动地等待相关研究成果，也就是说，从教学研修方式的选择到教学研修的过程，都没有充分体现出教师的主体地位，老师们没有主动地参与到其中，无论是对成果的理解，还是对成果的应用，自然都会大打折扣。还有一些老师认识不到位，总认为开展校本研修是教研员的事，是个别骨干教师的事，自己不会做也无须做，只要教好课就行了，在这种认识误区下，教师的思想与行为会变得懒惰，不再反思自己的教学行为与结果，不会积极地参与到校本研修之中，完全放弃了自己的主体地位。

解决策略

　　任何一个系统里，最灵活的部分往往影响大局。在混合式校本研修这个系统里，最灵活的部分是关键人物。

　　作为校长，要让关键人物成为关键。在混合式校本研修推进中，要牢牢抓住"人"这个关键要素，激活人、发展人、成就人。

一、形成关键人物运行的自组织体系

学校变革行动中，需要有大踏步地走在前面的引领者，他们因发挥的作用突出而成为关键。通常这些人物由不同类型和不同岗位中的优秀人群组成，因他们对教学的理解、对教育的理解都比较深入，加之个人的工作态度，使其富有活力和创造性，拥有较高成果和绩效，既能把握自己的专业发展走向，又能引领所在群体共同发展。他们更多的人在群体中的位置不是依托权力的保障，依靠的是在适当时机逐渐形成的个人品性、智慧和能力。在学校混合式校本研修推进的进程中，校长、副校长、教导主任、科研主任、信息主任、教研组长、骨干教师等都会不同程度地发挥这样的引领和示范作用。

在上面这个关键群体中，校长、信息主任与骨干老师更为关键。

关键人物之所以称之为"关键"，主要体现在以下几个方面：

在意识上，关键人物拥有更多主动发展的渴望。无论是对知识和智慧的渴望方面，还是对真、善、美的精神追求方面，他们都善于捕捉和借助每个时机提高自己，不为名利、甘于奉献、静心笃志、精业乐业，始终呈现出不待扬鞭自奋蹄的成长动力。

在行动上，他们有较强的执行力，善于完成由知到行的转化。一方面体现在他们勇于在实践领域自觉地尝试突破，自觉地创生办法，自觉地反思重构，对自己的能力能进行持续的训练；另一方面体现在他们乐于分享，实现由此至彼的目标达成。

在意志上，关键人物显得更为坚定，体现出更为持久的耐性，能踏实、扎实地奔走在通往目标的道路上，特别是在遇到困难时，能快速而敏锐地做出适应性反应，不轻言放弃，把反思体悟和理性设计融为一体而不懈追求。

正是学校关键人物在工作中呈现出"自觉"的特征，所以即使在目标不清晰、行走无意识、突破无路径的时候，通过关键事件，他们内在的教育理想也很容易就被点燃，并且在点燃的路径上能持续燃烧，即使遇到挫折和阻碍，也不容易被彻底熄灭。

因此，校长在进行混合式校本研修推动过程中，要努力让关键人物成为一种精神力量，成为引领教师发展的力量、撬动学校发展的力量、影响同伴成长的力量。

意识上
有主动发展的渴望，
有十足的成长动力

关键人物
校长、信息主任、骨干老师

引领教师发展的力量
撬动学校发展的力量
影响同伴成长的力量

行动上
较强的执行力，善于完成
由知到行的转化

意志上
关键人物显得更为坚定，
体现出更为持久的耐性

学校关键人物运行的自组织体系

二、建立关键人物外部动力支持系统

教师专业化发展的关键是内化专业发展动机。外部力量对关键人物发展的支持应当着眼于"人类最基本的自主需要、能力需要、归属需要"[①] 三种基本心理需要的满足，维持他们自主发展的动机，提供利于优化的社会环境。

在满足关键人物自主心理需要方面，应积极营造尊重、和谐的整体氛围，形成崇尚业务、尊重研究的公众舆论，推进关注研修的行动导向，搭建展示交流的人才发现舞台，促进教师发展动机的自我调节，使其在发展过程中易被发现和识别。如对于骨干教师，要多听取他们的发展意见，多帮助他们提升，当关键人物在活动中自我决定程度不断提高时，他会体验到一种内部归因，感到能主宰自己的活动，自主需要得到满足，动机就会被激发。

在提升关键人物效能感方面，多肯定他们的付出，多帮助他们分解难度，多为他们提供学习机会，这些都是非常有效的方法。另外，比如在人事任用方面，将业务见长的教师放在研修工作的关键岗位，使之从事挑战性工作，促进其专业发展。还可以帮助其调配和组建发展共同体，用团队勉励其不断成长，避免孤军奋战。

在情感归属方面，主要是通过隐性的文化和显性的制度两个方面，让每一位教师对学校产生深深的感情依恋和精神依归。对于不同类型、年龄、岗

---

① 暴占光，张向葵．自我决定认知动机理论研究概述［J］．东北师范大学学报，2005（6）：142-147．

位的关键人物，满足方式也不同。校长要真诚地欣赏每一位教师，不吝惜对任何一位教师的鼓励与赞美，乐于为教师的成功喝彩，让每一位教师都感受到自己是重要的，在校园生活中是有尊严的，让每一位教师感受到学校因他的成长而骄傲。同时，教师要进一步明确自我发展的目标，学会去规划自己的教育生涯，在教育实践中不断去体验创造的快乐，在对教育不断地反思和批判中去体验感悟生命的价值和尊严。当然，学校也可以将教师职业生涯的设计作为校本行动研究的重要内容，通过研修的方式引导教师去思考和探索，寻找适合自己发展的道路。

三、加强关键人物的互动交流

关键人物总有与众不同的想法、追求、动力，自我成就动机使得他们在群体里进步最快。

在混合式校本研修过程中，关键人物往往自加动力、自给压力，呈现出明显的自主特征，并且善于分享、带动，体现出协同的特质。外在的社会环境因素可能支持和阻碍关键人物的动机发展。只有当关键人物从外界逐渐感受到关于自主、效能和关系的心理满足时，自身的外在动机才会更好地内化。

首先，关键人物自身是一种资源，是一种力量的发端。这些关键人物，带着专业的意识、专业的能力、专业的情义在所在的系统内持续发挥作用，这种作用起初对自身的影响要远远大于对同伴的影响。

其次，由于关键人物作用的发挥，系统要素之间彼此发生自我反馈、交叉反馈、非线性交叉作用。当反馈发生时，关键人物所在的团队就会受到带动，不仅会对自身产生影响，还会给同伴带来影响，从而促使同伴行为的调整，此时平衡态被打破，但接下来又会产生新的平衡，新的平衡是基于原有平衡的变化与升级。

再次，学校的变化会通过展示交流等活动，影响和带动周边学校乃至更远的学校。学校之间发生非线性的交互作用，形成主动牵手、主动变革的态势，带来更大的整体变化，而学校外围的力量又反作用推进关键人物的生成与发展。因此，关键人物与团队变革的本身就会引发相关的涨落与变革，可以有效促进研修的实效增强和系统变革。

样例展示

　　某校是一所城乡接合部的学校，学生不足千人，教职工近百人，在区内属中等学校。最近上级教育行政部门为学校派来一位教学校长，教学校长姓李，80后，教学能力与信息技术应用能力都较强。黄校长知道她在信息技术与教学融合方面有很强的研究力，内心就决定将其作为关键人物，并以此为突破口，带动教师成长，促进学校发展。

　　黄校长在全校的大会上充分肯定了李副校长的研修能力，确定了"信息技术支持有效的课堂教学"这一研修主题，并明确指出由李副校长带领全体教师深入研究，通过信息技术提高课堂教学实效。

　　李副校长经过认真思考，提交了一份研修方案，主要是通过微课程的建设，让学校教师共享优质教育资源。为了达到这个目标，她先后与进修学校分管领导、以前的同事、外地的同学等取得联系，依托开放、动态、交互的信息化平台，寻找志同道合的伙伴们一起研究，不到半个月时间，就组建了一支由专家、骨干以及部分教师参加的近40人的研修队伍。面对学校教学过程中的实践问题，创建"牧野论坛"，每周星期三晚上19时30分，来自不同地区的具有相同实践经历的老师们，根据预设的主题，在线进行交流，开展多角度、多层面、多样化的深度研讨、分享经验、集思广益，寻求教学实践中问题的破解办法，在交流与碰撞中实现自我超越，并将探索的校本化研究实践制作成系列微课程，发布共享，供全国更多的教师学习。

　　起始阶段，李副校长在学校挑选了三个年段的6名骨干教师参加"牧野论坛"的学习，这个参研比例并不高。李副校长对这6名教师布置了相关任务，要求他们要对群里研讨的内容进行梳理，在学校的业务学习时间，面向全体教师进行二次传导。不到一个学期，全校教师都看到了参研教师在班级管理和业务能力提升方面的变化，都纷纷加入研讨队伍，很多老师从一个旁听生开始，逐渐成为主讲嘉宾，一时间，学校教师的研修能力得到迅速提升，目前学校已成为区内校本研修的典型学校。研修期间，形成了小学数学六个年级的"知识节点课程"，录制小学语文"实验作文""魔法修辞"40余期，总结教学小妙招 50 余个，微课程从最初的 1.0 版本一直升级到 3.0 版本，每期发布的研修成果在网络上备受关注，并吸引了一些专家、同行慕名来访。学校多次承办国家级、省市级现场会，几名骨干教师已成为全国的网红教师。

【样例评析】

这所学校虽然在全区属于中等学校，但校长具有很强的发展意识。通过关键人物的带动，促进校本研修的特色发展，实现了教师专业成长与学校发展。这个案例的成功之处就在于抓住了关键人物。

学校虽然规模不小，但研究人员严重不足。黄校长将新调来的李副校长确定为关键人物，为其建立广泛的横向联系，通过搭建外围平台的方式，让李副校长先行发展。李副校长在互联网的平台上，与专家、各地骨干一起研讨，在交流研讨中思路越来越明晰，确定把微课程建设作为学校发展点。随之很快形成了一批优质课程资源，在深入研讨的基础上，又计划开发系列的微课资源，服务于地处偏远地区的学校。随着研究的不断深入，学校教师从排斥到认同，再到追随，形成人人参与研究的良好局面，改变了学校现状，极大地促进了学校的发展。

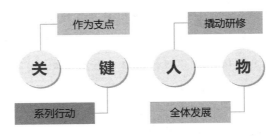

关键人物的带动具体做法

回顾一下黄校长的做法，当他发现关键人物时，将其作为支点，通过系列行动，撬动了学校的校本研修，使全体教师走上研修发展之路。

确定关键人物后，黄校长实行了"三步走"战略：首先，他搭建横向发展平台，先让关键人物发展；其次，通过关键人物的发展，增强对学校教学、教研的指导力；最后，带领全校教师共同发展。

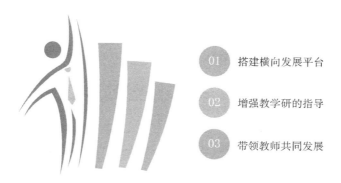

01 搭建横向发展平台

02 增强教学研的指导

03 带领教师共同发展

关键人物带动的"三步走"战略

教师研修的路径也不是一蹴而就的，而是在研修中不断变化、动态生成的。开始只是研究面临的教学问题，重点探讨如何解决这些问题。研讨后，对解决的教学问题进行梳理与汇总时，发现微课程是一种很好的表现形式，这就有了研修团队微课程的 1.0 版本；这些散在的、零碎的微课程越聚越多时，就需要对其进行整理，以便于检索，这样就萌发了建设"系列微课程"的创意，这样微课程 1.0 版本就升级为 2.0 版本；随着系列微课程的不断研发，随之产生了一些有特色的精品课程，如"实验作文"等，这样自然就形成了微课程的 3.0 版本。

另外，黄校长非常重视研修成果的使用，教师研讨后，除了相关的教学问题研讨外，还会形成一些新的资源，如感受、心得等，在黄校长看来，这都是宝贵的研修资源，他把这些资源整理后，重新发布，组织教师阅读，从另一个侧面激励教师，培植教师的积极情感，使广大教师的参研积极性得以有效提升，同进促进了学校优良研修文化的形成。

随着研修的不断深入，李副校长的团队人员越来越多，影响力越来越大，而学校教师也因此而快速成长，从而促进了学校的跨越式发展。

第二节　研修组织的建立

　　每所学校的现状不同，困难最多的还是偏远地区的农村学校。政府对农村学校特别关注，无论是硬件设施还是师资力量，对重点地区实行了重点帮扶。但实际上，他们的校本研修氛围很难搭建。如何改进他们的课堂教学？如何促进村小的校本研修？如何为村小的发展破局？

案例启思

　　孙校长刚被任命为某小学校长，这所学校是一所城乡接合部小学，全校共计 6 个教学班，在校生 100 余人，学校教师共计 15 人，在全区是一个相对薄弱的学校。

　　学校虽然小，但无法阻挡孙校长谋求学校发展的信心与步伐。孙校长对教学校长说："咱们学校相对闭塞，更应该让老师们加强研究，千万别闭门造车。"教学校长听了，说："校长，我们也想像大校那样研究教学，可咱一个年级就一个老师，怎么研究啊？"

　　是啊，六个年级，几个老师，如何创建有效促进教师专业成长的组织，使教师的发展走入快车道？

问题剖析

　　上述案例，在当前校本研修的实际操作中，很具代表性。

　　近年来，随着社会经济发展和城镇化的推进，农村中小学生源正逐年减少，而城镇学校学生大量增加，造成了城乡学校之间在师资水平、办学规模、教学研究等多方面都存在着不同程度的差异。加之补充渠道不畅、优质资源配置不足、结构不尽合理、办公经费严重缺失、年轻师资流失等问题，制约了乡村教育持续健康发展，也影响着农村教师的专业发展。

在我国农村学校或一些规模较小的学校，在校本研修方面存在着较多的问题，成为影响和制约学校发展的瓶颈。

由于学校规模小、班额小，导致教师上课缺乏激情，教师想改变现状，又缺少研讨氛围，缺乏交流平台，难以开展有效的教学研修，使校本研修处于"搁置"状态。

涉农区县地域广阔、学校多且分散，因无授课教师的补充，教师平时参加市区教研活动的机会十分有限，接受专业引领的机会也相对较少，理论更新缓慢。国家相关部门已意识到村小学校发展存在的问题，先后出台了相关政策予以扶植，但效果并不是特别理想。

一、进入自我思想封闭怪圈

面对农村学校的很多教师，经常会听到"我们是农村，我们是农村教师"这样的话。一些农村教师在长期的"封闭"状态下，容易形成一个"思想封闭"的怪圈。认为农村本就是落后，农村教师就应该是执教水平低的代名词。因此，他们中的大部分人认为，只要完成自己的工作就行了，或者自己的工作做得差不多就行了，至于校本研修、专业成长，都与自己无关。即使有所心动，但面对现实环境及周边的教师现状，也就随波逐流了。

不仅是老师，我们也会经常听到农村校长这样讲："城镇学校的理念、做法的确很好，但我们农村学校做不了。"教学需要因材施教，做事情也的确需要因地制宜，但从另外一个角度讲，这也是在为自己的不落实、不作为寻找借口。只要是想改变，终会有办法的。

二、外界成见造成突围困境

相对而言，农村学校缺少相应的各种硬件与软件资源，所以，农村学校的研修团队，即使做出一点成绩，也很难实现专业上的大幅突破。一位农村学校的校长曾"抱怨"："我们的老师怎么努力，在教学大赛中也比不过那些县里的实验校，会用统一的标准去衡量。现在我们的老师什么都不想参加了，参加了也取不上。"这个案例说明，社会各界对农村学校还不够理解，关注度也不够，农村学校与农村教师需要社会的大力支持与帮助。

无论是外界还是内部，也无论是校长还是老师，客观原因是有的，但最关键的还是主观原因，我们校长一定要思考：如何打破这个僵局？如何通过课堂教学改变学校？从课堂教学的哪里做切入点？选好切入点后，带着老师踏踏实实研究课堂教学，一定会有收获。

与其抱怨不如行动，任何一所名校、任何一位名师，都是做出来的。想都是困难，做才是答案，干才有出路。

解决策略

同伴互助是校本研修的主要方式之一。农村的学校人员较少，教师在专业成长中的短板就是缺少同伴。乡村学校校长要充分利用互联网优势，通过多种途径，鼓励教师基于"互联网＋背景"，寻找志同道合的研修伙伴，创建更大范围的学习型组织。

"同伴互助"在英语中是 peer coaching。关于同伴互助的内涵，不同的学者给予了不同的阐述。著名学者道尔顿与莫伊尔认为："同伴互助是一种专业发展手段，是一个为学习新知识、提高技能、解决实践问题而相互帮助的过程，教师在此过程中彼此分享知识、提供支持、给出意见。这一过程不仅有利于强化教师间的合作水平，而且有助于提升教育教学质量。"罗宾斯认为："同伴互助是两个或多个教师通过互相帮助，共享经验，开展课堂教学研究，以反思和解决当前教学实践中存在的真实问题，建立和完善新的技能的过程。"①

通过对上述学者观点的分析，同伴互助是两位或两位以上教师在自愿的基础上，以促进教师专业发展为目标，通过多种方式共同反思教学实践，共享经验、深入探讨，以解决实际教育教学问题的教学研究活动。

乡村教师信息相对闭塞，课堂教学改进相对缓慢，互相开放教室是促使学校内部发生变革的第一步，且是最为关键的一步。而互联网技术让开放成为可能与必然。

---

① 孙晓雪. 同伴互助：教师专业发展的有效途径［J］. 辽宁教育，2017，（20）：23-26.

一、建设混合环境下以学习提升为依托的同伴组织

对于学校的教师，校长要通过互联网技术，积极为学校教师寻找优质的人力资源或优秀的研修组织，一般情况下，可以根据教师的意愿，选择参加"名师工作室""名师带徒"等，与有经验的教师结伴学习、共同成长。

在湖南某农村小学任教的小张老师刚毕业不久，校长就告诉她区里的名师工作室正在招收工作室成员，并动员小张老师，希望她能站在区域平台，跟着名师多多学习，少走弯路。小张老师也很高兴，在工作室看到名师的风采，看到同伴们也都那样积极进取，对小张的影响很大。小张按照工作室要求，阅读相关书籍，围绕工作室"小学语文大单元教学设计研究"研究主题积极开展尝试，一个学期以后，小张老师代表工作室在全区作示范教学，得到与会者的高度评价。小张老师在反思时说："在工作室里，每天晚上通过屏幕与大家一起读书、一起交流，共同研讨语文课怎么实现工具性与人文性的统一。还与大家一起制作教学资源，然后无偿分享给全国的小伙伴们……在这里我知道目标，清楚方向，知道自己该如何努力地向前走，在行走的过程中，我总能感到收获的喜悦，越收获越感觉如饥似渴。虽然在工作室我就是一个追随者，但回到学校，我所吸收的能量就有了一个辐射，虽然像一个'二传手'，但这个'二传手'不好当，因为有句话说：淮南为橘，淮北为枳。在工作室吸收的东西，并不一定完全适合农村教学，我需要辩证地、有选择地辐射，然后因地制宜地教学。现在我在学校，不再是独唱了，也不再是自己在那载歌载舞了，总有人与我呼应，我很享受这份研修的喜悦。"

从小张的叙述中可以知道，只有老师进入一个开放的系统，实现了向外学习、向内转化，才会拥有成长的力量。

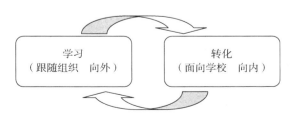

除了组织教师参加名师工作室，给老师们一个更高的平台外，还可以充分利用"三个课堂"，学校之间开展网络集体备课、网络教学直播、网络互动评课、网络主题沙龙等，组建研修共同体，共同开展研修活动；对于青年教师，也要鼓励与外地区、外校的名师师徒结对，通过师带徒的方式使青年教师迅速成长。

二、建设混合环境下以项目研修为抓手的同伴组织

在校本研修实践中，会经常发现学校每年、每学期都有校本研修计划方案，也有定时定点的研修活动，但研修内容和研修主题多数是学校统一安排的，且多为常规通识性内容，实施过程中，教师有被动的任务感。究其原因，是学校校本研修目标分散，精力不集中所致。

项目研修，是一种比较快速有效的深度研修方式。它对应于项目式学习。项目研修具有两种方式：一是已经成熟的项目，形成了相对固定的模式，也经历了实践的检验，照样子做即可，在"临摹"中领悟提升；另一种是依据教学中的问题，确立一个研修项目，大家集体攻关，人人参与，研修后期，不能不了了之，要有结果、有产出、有成品，这与做课题相类似。

对于农村学校，初期可以采取第一种方式，把本地或外地成熟的项目拿过来，直接应用。教师在研究项目在本校本班落实的过程中，自然也对项目背后的思想、理论进行学习，再用思想与理论指导实践，如此往复，借助项目研修，实现教师专业成长。对于第二种方式，学校需要有较强的学科带头人，带领教师梳理课堂教学中的共性问题，依据课堂教学的问题确立研修主题，然后带领老师们进行持续、深入的研究，相对来说，这种方式比较难一些，其优势在于所有人都在围绕一件事来做。这也说明，很多学校在盲目地开展小课题研究，人人有课题，人人参与研究，注重了数量与规模，但实际效果并不一定很好，其主要原因就在于力量的分散，没有形成研修合力，其质量自然也难以保证。

笔者为了培养青年教师，以工作室为依托开展"项目研修"，并在教学实践中总结出"双模联动教学法"。"双模联动教学法"是通过创建"合作机

制"，"模块"与"模式"的因需组建，增强学生间的互动交流，改变了教学生态，在教学中取得了良好的教学效果。为推广这一成果，使"双模联动教学法"能更好地改变课堂教学，笔者组织工作室成员每周在线上统一学习相关教育理论书籍，并辅以现场活动的形式，开展相关的教学研究。截止到目前，工作室成员共精读教育著作 50 余本，用理论来支撑实践，对于不清楚的问题，通过线上答疑解惑；线下开展"课堂教学改革基本功过关活动"，每名工作室成员每学期都要上"课改技能过关课"，对于每节课例，成员们都认真分析与评点，按照课堂教学的相应观察点，给予中肯的建议。几年来，"双模联动教学法"这个课改项目培养了区域内十几位优秀的青年教师，其中宋玲等多名教师在省市教学大赛中获奖。此教学法荣获"吉林省基础教育成果奖"，目前在全国十余个省市地区产生了很大的影响。

三、建设混合环境下以解决问题为导向的同伴组织

校本研修，其主要目的就是解决教学实践中遇到的问题。开展校本研修，首先要培养教师的问题意识。

一是要善于发现教学的问题。教学问题是真问题，一个研究型老师的重要能力就是发现问题能力，问题越有价值，研究就越有价值，成果就越有价值。校长要引导教师学会梳理问题，学会抓住课堂教学中的"真问题"进行"真研究"。二是要善于发现自身的问题。借助互助研修机制，开展课例研修、移动听评课，为教师个体创造一个平等的对话交流平台，这个平台使教师的问题提出、同伴交流成为可能。教师在与同伴的交流与互动中，不仅能发现同伴身上的问题所在，也能看到自身在教学方面存在的不足和缺陷。如有的老师发现自己的作文教学能力不足，有的老师发现自己调动学生积极性的方法少，还有的老师发现自身的教学理论欠缺……教师要学会正视自身的不足，并努力弥补不足，解决问题的过程本身就是教师自我反思的过程。三是要善于发现组织运行的问题。面对人员较少，校本研修难以形成研究氛围这个现实问题，要学会利用网络优势，思考如何引导教师进入一个开放的研修环境，并寻找到适合自己发展的组织？这个组织有什么特点与运行机制？如何发挥

这个组织的优势，破解教学中的问题并形成建设性成果？回答好这些问题，就会使薄弱学校摆脱困境、走出僵局。因此，学校校长要为老师推荐优秀的研修共同体组织。优秀的共同体组织，不仅有较强的影响力，还有具备名师特质和优秀的意志品质的负责人。在这样的研修团队中，老师们不仅会学到教育理论知识，而且会受到这些优秀的意志品质的影响，进而成为优秀的教师。当然，也要鼓励学校的骨干老师自己组建研修共同体，成为负责人，引领与带动更多的老师走上研修之路。

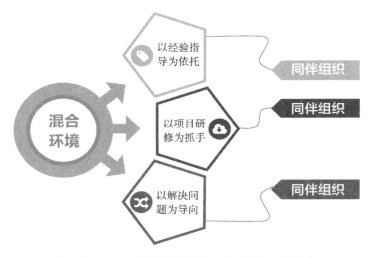

"互联网＋"下农村学校同伴互助的校本研修方式

总之，学校校长要根据教师需要，积极寻找并构建多元共同体：搭建网络研修共同体，通过集体备课、说课研讨、样例评析、主题沙龙、远程培训等方式，促进教师专业成长；搭建名师工作室共同体，通过参与学科名师的研究活动，在实践中提升教师教学水平；搭建师徒结对共同体，通过将青年教师与名师结对，实现一对一个性化指导，使青年教师快速成长；搭建课题研修共同体，跟随相关课题组，开展课堂教学的实践研究，通过研究课题的方式，边实践、边研究、边提升，实现科研兴师……

教师的发展离不开团队的引领与助力，通过建设多样的研修共同体，实现合力发展，进而形成合作文化。

样例展示

【样例一】

广西某校教师工作坊研修方案：

研修主题	在线学习的问题探因与解决对策		
坊主	李志轩	所在区校及职务	副校长
主要成员	略		
研修方案设计			说明
选题背景	随着疫情后期中小学校的全面复课，席卷全国的在线教学开始进入"双线混融"的新的发展阶段。然而，学校的在线教学并没有从"新鲜感"走向"新常态"，这说明教师对在线教学并不认可，尚需做进一步的研究和探索。此外，由于这是应对重大突发灾害事件的教育应急手段，我们更应该做好大规模、长周期开展在线教学的准备，事后的经验总结与反思亦不可或缺。 疫情期间的在线教学，存在着哪些根本性问题？这些问题产生的原因是什么？突破改进的方向在哪里？未来如何做得更好？		
选题目标	在线教学的问题探因及破解策略		
研修内容	1. 以学科为单位，找出在线教学效率低的原因。 2. 技术平台使用情况的分析与选用。 3. 线上教学实施的有效策略与方法。 4. 混合式课堂教学方法研讨。		对目标进行分解。
研修流程	一、线上发布工作坊研修制度。（第一周） 二、线上收集教师线上教学问题（案例），并进行整理。（第一周） 三、线上发布课程资源，教师自主学习。 1. 发布学习任务及学习课程。教师根据学习任务，进行自主选学，并完成作业。（第一周） 2. 对学习任务完成情况进行展评、互评、点评。（第二周）		重点一：整理学习课程资源的观点，作为指导实践的理论； 重点二：着力打磨教学设计，持续改进教学行为。

续　表

研修方案设计		说明
研修流程	四、线上研讨，请专家介入指导，针对发布的问题教师互动交流。（第二周） 五、线上总结梳理前段学习与讨论的研修成果。（第二周） 六、线下课堂教学研磨。（第三、四、五周） 1. 围绕主题，确定听评课的观察点。 2. 由坊内的本校教师开设直播研讨课，坊内成员可在网上观看，课后开展线上评课活动。 3. 对混合式教学方法进行总结，请专家指导。 七、发布研修成果，梳理相关问题。（第七周） 1. 以学科为单位，形成混合式教学指南。 2. 以学科为单位，开展成果汇报。 3. 将遇到的问题带入下一个研修循环。	学习、研讨都是为了改进教学，深入研修、总结规律，使混合式教学更有实效。
研修形式	开展主题研讨式、磨课评析式、案例诊断式、教学反思式、经验分享式等研修活动。	
研修制度	1. 每月至少参加 2 次线下集中研讨活动，不能无故缺席。 2. 围绕主题深入学习，并将学习心得积极在线上分享，每人每次至少分享一次学习体会。 3. 线上积极参加讨论。参加讨论时发言次数不低于 1 次。 4. 以学科为单位，每个学科至少有一位成员上主题研讨课，进行案例研磨。 5. 每个参研人员都要写好总结。	制度是工作坊研修的保障。

【样例评析一】

研修工作坊多是以名师、骨干教师为坊主而成立的研修共同体，此处呈现的是学校工作坊的研修案例，教师工作坊（室）研修也可依此设计。

一、教师工作坊是混合式研修的重要组织形式

教师工作坊指的是一种混合式教师研修的重要组织形式，在信息技术的支持下，借助网络研修平台，充分发挥学科专家名师的专业引领作用，带动相同意愿的教师开展常态化的研修活动。

教师研修工作坊本质上是由学科专家、培训者和骨干教师组成的异质化的学习共同体。名称上借鉴了传统手工作坊的意蕴，强调教师缄默性教育智慧的凝练与分享，操作上将短期集中培训、网络研修与在岗实践有机结合起来，有助于实现专家引领、同伴互助和自我反思提升。通过工作坊，可以开展相关主题的网络课程研修和基于问题解决的校本研修，还可以进行网络空间教学等活动。

教师研修工作坊需要研修平台、坊主、专家与教师等组成。坊主是核心人员。在整个设计过程中，坊主的主要职责是确立研修问题、整理研修资源、确定研修流程、汇集研修成果、管理坊内事务。

综上，研修工作坊强调小范围内的人群，在名师或骨干教师的带领下，围绕着一些教育教学实践中遇到的具体问题而展开互动和交流，形成一个充满自由和平等、学习和反思的实践共同体，从而促进整个区域内教师整体素质的提升和教育质量的提高。

案例中，学校的副校长以工作坊的形式，组织各科骨干教师开展线上与线下相结合的混合式研修活动，积极寻求在线教学的有效方法。

二、研修工作坊的关键与核心

问题解决和问题驱动是教师工作坊的核心与关键。破解问题就是促进教师专业成长，破解问题就是促进学校发展。

教育部相关文件对教师工作坊研修项目的课程设计与资源提供分类提出了具体明确的要求。教师工作坊每次研修活动要先确定一个主题，即教学中有待解决的某一具体问题，然后围绕这一主题分别学习、全员准备，各自阐发自己的理解认识，形成争鸣与碰撞，做到有理论思考、有实例研讨、有反思总结。

工作坊研修要基于问题，并依据问题形成研修主题。组建研修工作坊的

目的，就是建立开放的系统环境，解决学校或教师在教育教学中遇到的实践问题。

以问题为导向的教师工作坊，主要是要形成问题、解决问题。形成问题的方式有两类：一类是教学实践活动中遇到的问题。直接将问题转化为研修的主题，甚至是课题进行研究。二是形成问题库。坊主要充分发动教师，让他们提出自己的真实教育教学问题，将这些问题形成问题库，坊主再组织教师对库内的问题进行整合与筛选，确定在教学中具有普遍性与突出性的问题，将其作为研修主题。围绕主题，坊主要为参研教师搭建学习课程、汇聚课程资源，教师通过多种方式进行自主选学。

在问题研讨阶段，对选出的重点问题开展研讨，汇聚集体智慧，提出各种解决策略与方法，各参研教师根据集体形成的解决策略或方法，在真实的教学场景中进行实践尝试，并反复优化，形成个性化的解决办法。在研修中及时交流、积极互动。坊主和参研人员在这一过程中，不断对研修内容加强理解，加强实践转化，同时对成果进行梳理，并按"问题描述、问题解析、问题解决"这样的"格式"，对其进行整理，形成新的培训课程资源。

案例中，学校将"在线教学效率低"的问题转化为"在线教学的问题探因与破解策略"这个研修主题，并将这个主题进行目标分解，使工作坊的研修更具可操作性。

三、工作坊研修要有成果意识

研讨后，要有成果意识，对坊内成员的观点进行汇总、梳理，形成有价值的问题应对策略。

首先，加强过程性成果的积累。教师工作坊强调教育资源的"共建共享"，每个成员既是原创教育资源的建设者，又是优质教育资源的享用者。坊内教师针对研修问题，经过自主学习、专题讲座、实录分析、典型案例研修、听评课实践等多种研修方式，在"学习—分享—建构—创造"的过程中，结成共同体、形成信息流，也生成了资源库。不同的研修阶段（环节），都会生成不同的研修成果，坊主和教师要注意积累。研修重在过程，有什么样的研修过程，就有什么样的教师成长。

其次，要加强终结性成果的梳理。在研修初期，就要有成果意识：此次研修共产出几项成果？都由谁来负责？最后呈现的是建设教学资源库，是形成问题的解决策略，还是集结成相关案例集？等等。这些问题都要在研修方案中得以体现。这样经过一个时段有针对性的研修后，参研教师就会对这个专题有一个深入理解与认知。教师的认知与实践程度，是衡量工作坊工作绩效的重要指标。坊主和教师在研修过程中，依托实践的课例或案例，总结出问题解决的有效策略，并加强向实践迁移，进而实现研修成果的增值。在疫情期间，面对长春市宽城区老师们线上教学的困惑，作者在第一时间针对在线教学的实效性也组织了类似的相关研讨，并依据研讨结果出台了《宽城区在线教学指南》，两周之后，又进行了更新，为区域及更大范围的教师提供了在线教学的方法、参照，有效地提高了在线教学的质量。

案例中，学校通过学科的成果展示汇报、撰写总结等活动，提升参研教师的成果意识，促进教师深度研修与实践。

四、研修工作坊面临的挑战

在工作坊研修中，会遇到很多问题与挑战。

1. 部门协作问题

工作坊不能独自地存在，需要多部门联动。在统筹安排学校教研、培训、电教时，存在互相推诿现象，工作欠缺沟通与协调，在信息技术与学科教学融合方面缺少领导力。

2. 学习积极性问题

领导和教师对工作坊项目认识不到位，重视程度不够，缺少体验感和价值感，教师培训积极性不高，培训效果不好。

3. 管理问题

学校工作坊的管理机制有问题，如只关注点击率、回复率，不关心研修实效，原来的校级管理员都是计算机教师，忽视业务领导在培训管理中的地位，网络研修与校本研修整合困难。

4. 培训成果问题

工作坊研修过后，总结相对空洞，多是网上下载拼凑的，研修期间形成的资源多数无法使用，成为数字垃圾。

5. 学用脱节问题

很多工作坊研修是研修，实践是实践，泾渭分明。学科工作坊不能脱离课堂教学实践，要立足于课堂教学，以课为载体，主要开展主题研讨、案例诊断、示范演练、经验分享、教学反思和直播课堂等多种形式的活动。研修为了实践，实践提升研修。

在本案例中，学校通过工作坊研修制度建设，避免工作坊低效或无效运行。制度是保障，在保障的同时，也要做好教师学习积极性的调动，让教师以饱满、积极的情绪投入研修中，享受研修带来的精神世界的丰盈。

【样例二】

榆树市某农村初级中学，共 8 个教学班，200 余名学生，40 余名教师，教职工多为民办教师转正或接班，没有一个本科毕业生，平均年龄 47 岁。师资薄弱、校舍陈旧、生源外流，学校面临生存困境。

在办学条件落后、设施设备老化、年龄结构失衡的状况下，郭校长积极寻求发展出路，让学校走出困境，让教师走出封闭的"农村高墙"。

改变谈何容易：改善办学条件，资金从何而来？补充师资力量，编制如何解决？激活教师队伍，采取什么办法？建设特色学校，特色从哪里切入？面对困难，是"等""靠""要"，还是迎难而上，积极寻求出路？经过领导班子多次研究和讨论，最终确定了建设数字校园，以教育信息化破解学校发展瓶颈的办学思路。

首先，建设一条可以通向外面世界的"路"。本着实际、实用、实效的原则，根据自己的现有条件，利用成熟廉价的科技产品及简单实用的软件，自己组装、自己创建，因陋就简、土洋结合，先本土化再逐步标准化，创建乡村简易数字校园，用信息技术的优势弥补城乡差距，分期推进数字化校园建设方式。

在网络基础设施建设方面，自主设计了千兆级校园局域网，并通过外网光纤专线调整接入校园，实现有线网络达千兆，无线网络覆盖无盲点。经过三年努力，有了发达的网络环境，建立了简易的微课录制系统。

其次，加大教师培训力度，提升教师信息技术素质和能力，先解决"会用"的问题，再解决"不敢用"的问题，为教育信息化有效实施提供人力和技术支撑。

再次，寻找可以促进教师成长的平台。有了硬件的支持，校长积极联系高校，与高校、软件公司建立研修共同体，以"信息技术促进课堂教学的发展与转型"为研修主题，在高校的指导与公司的协助下，大力开展校本研修。一方面，鼓励教师利用班级录播系统录制课堂实录，为每位教师和每个学科建设课建立生成性资源库，请相关专家帮助教师进行案例研磨；另一方面，在多个单位的推动下，以这所学校为中心，先在本市成立"发展联盟"，随着影响力不断扩大，又成立了"全国智慧教育发展联盟"，出台联盟章程，制定研修制度，开展交流活动，目前共吸收全国50所实验校近600人参加实验，形成研修共同体，共同研究信息技术与课堂教学融合的方法，组织教师开发优质教学资源，利用微课录制室制作微课、教学课件，实现更大范围的共享。教师们正是在共享中体会到研修的快乐。

在专家的指导下，学校总结出信息技术与教育教学深度融合的模式与方法：一是通过优化课堂环节提升应用广度；二是通过创新教学模型增加应用深度；三是通过名校题库的资源应用增加应用厚度。从传统的"教为主、学为辅"转身"以学为本、以提升能力为主"的教学方式。

经过三年坚持不懈的实践探索，信息技术已经融入教学达到常态化，学校整体办学水平优于部分城区学校，家长、社会普遍认可，转到他校的本地生源纷纷回流。

一所农村中学，以数字化校园建设为切入点，深入开展校本研修，自主创新抓建设，驱动应用促提升，内涵发展提质量，最终走出绝境，探索出一条符合农村学校实际的特色发展逆袭之路。

【样例评析二】

乡村教育是我国教育的薄弱环节，乡村教师队伍建设是加快推进城乡一体化、实施教育均衡发展的关键所在。在教育改革的大背景下，乡村教育和乡村教师问题不可忽视，乡村教育脱贫迫在眉睫。《教师教育振兴行动计划（2018—2022）》强调推进"乡村教师素质提高行动"，优先发展农村教育事业，建好建强乡村教师队伍，成为新时代乡村教育振兴的基本构成与核心要义。

一所农村学校，面对教师数量少、教师任务重的现状，开展有效的校本研修，存在较多问题。如何解决当前广大农村地区学校校本研修面临的困境，提升教师业务素质，成为我们迫切需要解决的问题。唯有打破农村地域上的封闭，实现思想上的互联互通，才是解决问题的良策。

在上述案例中，校长思路清晰，做法踏实前瞻，组织学区化联片研修，搭建跨地域的名师研修共同体，借助专家力量介入发展，具有很强的可操作性。其成功原因主要有以下三点。

一、基于未来发展方向规划学校

该校校长非常清楚社会的发展方向。只有打破地域的闭塞屏障，把思想连通，才会使教师的思维走出地域的局限。因此，学校把信息化建设摆在了首要位置，通过信息化的硬件建设，带动培训与应用，让教师看到一个学校以外的、辽阔的教育世界。

无论是课堂教学，还是校本研修，都离不开社会大背景而独立存在。在互联网、人工智能日益成熟的今天，技术介入教育、影响课堂，甚至是改变课堂教学，将逐渐成为趋势与潮流。案例中的郭校长正是站在这一时代背景下，思考与规划学校的发展，找到了切实可行的突破口，用信息技术撬动学校发展。

二、基于联盟组建促进学校发展

现在很多学校的硬件建设已达到"顶配"，但其中一些学校的设备却处于闲置状态。"建"不是目的，"用"才是核心。如何让建好的网络发挥最大的效能？案例中的郭校长面对农村学校教学设施薄弱的现状，采取组建研修共同体的方式。正是因为薄弱，所以更需要团结。校长不仅自己积极寻找共同行进的伙伴，而且能够转变全体教师观念，整合优势资源，加强同伴互助，构建发展共同体，使教师有了共同发展的意识，变单打独斗为抱团取暖。

三、基于课堂开展混合式校本研修

农村学校开展校本研修，是一项复杂工程，充满了问题和困难，也充满了机遇与挑战。尽管学校规模小，但作为学校的校长，一定要重视校本研修。这所农村学校的校长通过建设联盟共同体，采取优化课堂教学方法、创新教学模型、筹建名校题库等多种方式，优化教学流程、改变教学结构，使教师在深度应用中实现深度研修，进而提升了学校的教学质量。

在农村及规模较小的学校构建研修共同体，可以有效地解决小规模学校开展校本研修的难点，使一些"碎片化"研究得以整合，对提升农村学校教师的整体素质起到了重要作用，但在具体实施中，还需要不断努力与完善：一是组建研修共同体，实现联片发展，只是解决了组织形式的问题，要想让这种组织形式发挥真正的效用，还有很多工作要做。二是组建校间的研修共同体，要明确开展研修活动的基本流程和具体要求，以保证研修共同体活动的规范性。引导教师围绕教育教学中的实际问题开展研修，问题来源于教学，活动基于课堂，目的指向改进，以保证研修的针对性。三是研修共同体要加强实践导向，注重研修成果的梳理与形成，并加强成果的行为跟进，密切观察教师在研修中的行为改进，指导教师把研修成果转化为教学行为，并且评估教师教学变化和学生学习的变化，做到研而有果、研而有效。

第三节　研修活动的创新

校本研修是以活动为载体，通过多样的、具体的活动达成目标。当确定主题与目标后，采取什么样的形式有利于达标？活动如何开展才有意义和价值？什么样的形式可以激发教师的研修兴趣，使其积极参与其中？

案例启思 ▮▮

牟校长是某初中学校的校长。学校现有 24 个教学班，在校学生总数 986 名，教师 107 人。

这个月，区里要开展"信息技术与课堂教学融合课大赛"，张副校长说："校长，为了在这次比赛中取得好成绩，我想让新教师和老教师结对帮扶。老教师教新教师教学方法，新教师教老教师信息技术，将年轻教师的技术优势与老教师的教学优势相结合，你看咋样？"

牟校长说："挺好。"

张副校长说："结对以后，让每位青年教师上一节信息技术融合课，学校还能总结提炼信息技术与课堂教学融合的路径与方法。"

　　牟校长说："挺好。那就出一个方案吧。"在方案研讨会上，有人提出：每个老师在班级上一节展示课，活动的形式还是比较传统，与以往的研课、磨课相差不大，未必能激起教师的研修激情，难以达到预期效果。

　　张校长仔细想想，也的确如此。那开展什么样的研修活动，能达到预期效果呢？

问题剖析

　　在这个案例中，学校的活动开展比较常规。采取结对相互帮扶、听评课的方式进行研修。很明显，研修活动无论是质量还是形式，都难以让老师们投入研修之中，的确很难达到预定目标。

一、研修形式比较单一

　　课堂是教学主渠道，任何研修都要"基于课堂"。张副校长也深知，只有作用在课堂教学上的研修才有价值。所以设计了青年教师的融合展示课，但这样的展示课每学期都开展，就难以引发教师的参研热情。

　　研修活动是围绕学校研修主题所展开的一种学习与交流活动。研修活动的组织策划是一门艺术，为了增强活动的趣味性，可采取借用案例等方式组织策划研修活动。如：新课改的推进，使小学语文课堂名师辈出，引发一线教师的欢迎和关注，为了避免盲目崇拜导致语文课堂陷入"跟风态"的误区，学校决定组织青年教师观摩分析名师课堂实录，争当"啄木鸟"，提出质疑，避免迷失，从而开展"透过开满鲜花的名师课堂"研修活动[①]。广西某学校校长在组织听评课时，提前一天公布了教师教学设计和观课议课重点，所有参加观课的老师都清楚教师的讲授内容和方法，也清楚本节课研讨的重点。上课时，学校要求教师用弹幕方式，依据"观课议课重点"随时发送心得，及时研讨。这种移动听评课的方式，注重研讨的及时性，引发了更多的观课话题，使教师积极踊跃地投入研修之中，为课后的深入研讨起到了良好的铺垫作用。

　　研修活动的方式有多种，比如展示交流、教学大赛、成果分享等。在设

---

　　① 张丰. 校本研修活动策划与制度建设［M］. 上海：华东师范大学出版社，2007.

计校本研修活动方案时仅有听课、评课是远远不够的，要围绕学校的研修主题，进行立体化设计，充分调动教师在研修中的积极性，深入思考、实践验证，避免陷入"为了课而课"的怪圈。

对于研修活动的开展，外在形式很重要，更重要的是要能激发起教师内在的研修反思，缺少自我反思，教师的成长便会缓慢，也无法享受研修带来的成长快乐。

二、研课磨课缺少过程

本案例的研课磨课过程中，学校并没有进行任何引领与管理，完全依据教师自身的理解与感悟开展活动，这样会使研课磨课处于浅表阶段。实践中我们不能把研课磨课视为简单的听评课，完全交给师徒二人研究，而要注重"研"的过程。所谓磨课，指的是由讲课教师自己设计教学案例并呈现出来，相同学科的教师集体围绕案例进行反思讨论、修改、实践、再反思讨论、再修改、再实践、再总结，不断循环、完善教学设计的一个过程。[①] 可见，磨课的流程就是一个直至满意的"备、讲、评"的循环。在这个循环过程中，结果不是最主要的，而是要加强过程设计，思考如何在研课磨课的过程中，让教师产生增值，达成研修目标，有效的方法是要请专家介入指导，否则会囿于自身经验，只是在细节上细微修正而陷入"死循环"。

三、研修主题过于宽泛

案例中确立了"信息技术与学科融合"这一主题，符合时代特征，也是当前的热点与难点，但通过师徒结对的方式自行研讨，范围有些过大，师徒很难开展有针对性的研修活动。主题过大也是各校开展校本研修时遇到的主要问题，难以形成较为集中的、有针对性的讨论。没有实效的研修是很难引发教师研修热情与研修兴趣的。学校的管理者要对主题进行分解与细化。比如，对于信息技术与课堂教学的融合这个主题，是在课前、课中、课后的哪个环节融合？这个环节最重要的教学原则是什么？是研究多媒体教学环境还是混合环境的融合？信息技术的介入，要解决什么样的教学问题？等等。要把这些问题想清楚、弄透彻。问题越聚焦，各位老师的研修指向越清晰，效

---

① 曹广余. 关于"模课"与"磨课"的分析与思考 [J]. 小学语文教学园地，2014（12）：10-11.

果也就越好，以小步子方式快速前进。在实践中，可将案例中的研修主题"信息技术与课堂教学融合"进行分解，根据学校的信息化环境，设计"多媒体（混合）环境下课堂教学学情分析的实践操作""多媒体（混合）环境下课堂教学突破重点的深入研究"等主题，在分步实施的基础上，不断整合相关研究成果。

解决策略

学校要采取多样的研修方式，调动多方力量，激发教师的参研兴趣，促进研课磨课行为走向深入。

一、要清楚研修形式

研修是一种基于教师专业成长的学习。也可以说，只要是与教师专业成长相关的学习，都可以称为研修活动。其主要形式是专家引领、同伴互助、自我反思，具体的形式主要有专题讲座、读书学习、经验分享、移动听评课、课例观摩、案例分析、教学切片研究、教学论坛、主题沙龙、成果展示、教育叙事、写作反思等。

围绕研修主题，将这些不同的研修形式和研修内容搭配、调适，以有效激发教师的参与兴趣，提升研修共同体的研修效果。

无论是哪种形式，教师参加教研活动的目的就是解决教学中遇到的困惑或问题。如果活动的组织者和参与者没有这样的意图与愿望的话，研修活动就成了走形式的"表演"，很难有具体的成效。研修活动的开展要有针对性，有针对性才能引发研修注意。针对性有两层含义：一是解决问题要有针对性；二是加强对于不同教师群体需要的针对性[①]。下表简单列出混合式校本研修的相关要素，各校在制定校本研修活动时可参考使用。

混合式校本研修的相关要素

类型	具体内容
研修路径	学校愿景—研修专题（问题）—个人研修主题—课堂实践校验—修正总结

---

① 张丰. 校本研修的活动策划与制度建设［M］.上海：华东师范大学出版社，2007：73.

续　表

类型	具体内容		
研修形式	自我反思	同伴互助	专家引领
	反省、写作	对话、协作	培训、指导
	上课、读书、博客、叙事	集备、研讨、论坛、听评课、沙龙、案例分析、课例研讨	辅导讲座、专题谈话、专题式讨论、现场指导
研修方式	学习理论、课堂实践、反思提升		
	项目带动、工作坊、师徒结对		
	线上、线下		
研修考核	制度建设、文化引领		
研修规划	研修方案、考核方案		

二、要落实好常规研修

校本研修的目的是提高教师的专业水平，有针对性地解决教学中的实际问题。最常规也是最重要的校本研修方式是听评课，其他研修方式也要以此为中心展开。

学校层面：在研修活动的设计上，要为教师提供相关的学习资源，引导教师进行理论学习，可以请专家来校培训，可以推荐相关书目集体研读，也可以整理相关学习资源供教师自主学习。在研修活动的组织上，组织开展学习、讨论、听课、评课、反思等，同时要创建"课堂教学观察点"或"观课任务单"，使教师在听评课时有目的、有思路、有抓手。为促进更大范围的交流，组织者可以组织开展"移动听评课"活动，让更多的教师参与到听评课中。

教研组层面：教研组要依据主题要求以及学习内容，课前组织教师讨论，并通过集体备课的方式，研究如何在课堂教学中实施；课中，教研组要围绕研究主题，根据课堂教学"观察点"或"观课任务单"，组织教师开展听课活动。

教师个人层面：加强主题的认知学习，在学习中掌握学科本质，与专家、同事或更广范围的同行交流研讨，在自己理解的基础上，通过集体备课等方式完成教学设计，并与教研组同事依据课例事实分析得失，反思改进。

听评课没有终点，学校及教研组要认真梳理教师听评课的观点与感受，并对这些内容提炼总结，形成新的备课指导意见，再次拟定课堂观察点或观课任务单，再次组织听评课活动。如此往复循环，滚动改进，使教师在"磨"的过程中理解学科教学、理解教学原则、理解学生学习，达到"研一课"而"通一类"的目的。在这个循环当中，一定要注意避免"低水平"重复，如果在研究中遇到了这种现象，应该及时停止，请专家介入研讨，寻找增长点。

三、开展好其他研修活动

黑格尔说："内容，是向内容转化着的形式；形式，是向形式转化着的内容。"宗白华在他的《艺术形式美二题》中指出："真正的艺术家是想通过完美的形式感动人，自然要有内容，要有饱满的情感，还要有思想……"任何形式都是为内容、为思想感情的传达服务的，但也需要创造对人产生深刻影响的形式，使内容呈现更立体、更丰富。

校本研修的效果，除了开展好听评课活动之外，还有两个环节不可忽视：一是学习，二是展示。在校本研修的各种操作方式中，展示交流无疑是既富挑战性又具有实效性的一种形式。

展示交流活动有两个"内核"，一个"内核"是激励参加展示的学校和教师做到最好，另一个"内核"是充分利用身边的差异资源，以强带弱、优势互补，这样解决问题比较快且有说服力。在展示交流的过程中，可以发现先进、培植典型。身边的榜样力量是无穷的。在活动中树立榜样，会极大地调动先进的积极性，也会起到"搅动一池春水"的作用，带动与激发更多的参研者积极地投入研修之中。

样例展示

【样例一】长春某校校本研修活动展示方案

某初级中学是所在区域一所综合实力很强的学校，在社会中有广泛的群众认可度。学校姚校长是一位有前瞻性的校长，她认为只有深化校本研修，才能带着学校走上一条可持续发展之路。她在校本研修制度创建以及内容探索方面做了大量的工作，但始终感觉欠缺一些显著意义的推进，采取什么样的形式能使目前的校本研修再进一步呢？经研究决定开展"研修成果分享会"。

研修成果分享会流程：

一、静态展示

时间：8：00—9：00

地点：校本研修中心

活动安排：

1. 参观校本研修中心，每个教研组自行设计展区，并向来宾个性化介绍自己的研修成果等内容。

2. 查阅各教研组研修方案、过程性材料以及教师个人成长档案（能用影像展示的可用二维码展示）。

前期准备：

1. 各教研组展示空间的确定。各教研组要充分展示自己研修团队的思想理念、价值追求、研修成果。（责任人：张校长、各组组长）

2. 各教研组提交体现本组研修特色的照片。（责任人：苏主任、各教研组组长）

3. 制作"致敬改变"短片，会场循环播放。（责任人：苏主任）

4. 准备果盘、茶点（责任人：王主任）

二、汇报交流

时间：9：10—11：30

地点：校本研修中心

活动安排：

1. 教学校长汇报学校开展校本研修的开展情况。

2. 以学年组为单位，以不同的形式集中呈现各自的研修成果。主要基于三个话题来谈。

（1）过去一年，我们教研组最得意的事；

（2）开始一年，我们最想做的事；

（3）未来一年，我们最期望的事。

3. 座谈

（1）围绕"研修""变化""成长""幸福""自主"等词语，概括总结一年来的成长与收获。

（2）请省内外教研专家远程点评（省内 1 人、省外 1 人，每人时间 20 分钟）。

三、颁奖典礼

1. 针对个人成长档案，发放"成长福利"。

2. 针对研修成果，颁发"卓越研修团队"奖。

3. 领导讲话。

【样例评析二】

校本研修是一种非正式学习。非正式学习是和正式学习相对的。正式学习就是典型的由学习机构发起的、基于课堂的、组织严密的学习。而非正式学习可能是这样一些活动的副产品，如完成任务的活动、人际交流的活动、感受组织文化的活动、尝试错误的实验，甚至是正式学习的活动，与日常生活融为一体，由内在或外在的触动引起，不是非常有意识的，受偶然因素的影响，是反思和行动的归纳过程，与其他学习相关联[①]。

一、环境布置有利于研讨的深入

这次研修活动没有安排在报告厅，而是设在校本研修中心，并精心布置了会场，大屏幕滚动播放每个教研组日常研修的点滴，茶点摆在研修团队的中间，在这样温暖贴心的氛围中，把汇报变成了沙龙，减轻了教师的压力，激发了教师畅所欲言的潜能。

二、体现了竞争与合作的融合互补

以各教研组为主体的展示，会极大地调动起教师的研修自主性。合作与竞争是自组织形成的重要机制。合作与竞争源于自组织理论中的协同进化概念。以教研组为单位的展示交流活动，在一个系统内，使竞争与合作融为一体，组内是合作，组间是竞争，在竞赛、展示、评比的氛围中，使竞争与合作得到了极大的体现。从马斯洛的需求理论来看，想发展是这个群体的必然要求。老子在《道德经》里讲了一个非常重要的哲学思想——"反者道之动"。这句话其中的一个内涵是，要长久地保持一个事物，就要让这个事物包

---

① 维多利亚 J 马席克，卡伦 E 沃特金斯. 非正式和偶发学习［M］. 黄健，等译. 北京：中国人民大学出版社，2006：41，44.

容它的对立面。合作与竞争的关系亦如此。

三、通过展示活动推进研修

展示交流分享活动，会让教师感受到努力过后被尊重的成功喜悦，对于理念先进、探索优秀的团队及个人也进行了很好的宣传，激发和促进了教师的积极性，对于仍处于茫然中的团队和个人是一场切实的"刺激"与培训。教师们在实践中感悟到校本研修的作用，也学习到了校本研修的技能。教师的专业知识、专业技能和专业情意不断提升，逐步形成教师成长的生命线、学校发展的风景线、内涵凝聚的特色线。

无论是学校，还是教师个体，都可以视作一个系统，系统只有开放才会不断地与外界环境进行物质、能量和信息的交换。换句话说，只有不断地引进新思想、新理念、新技术、新方法等负熵流，系统内部的熵增才有可能消减，只有新思想、新理念、新技术、新方法作用于系统，引起系统或系统内子系统的量变，经过量变的不断积累，才会导致系统或系统内子系统的质变。

【样例二】成都某校"教师成长节"

成都某校每年都要组织为期一个月的"成长节"活动，让教师们对自己一年来的学习研修情况作一个小结和交流，并特意策划了数项展示活动和评奖，借展示促学习，并开展自评与互评相结合的研修评价。

序号	周次	活动内容	具体说明	负责人
1	第一周	教研组述职	每一位教师在教研组内向同事介绍自己一年来研修方面的简要情况与代表性研究。	教研组长
2	第二周	教学成果报告会	请开展专题研究和教学改革活动的教师介绍自己的研修成果与成果探索的过程，评选"教学百花奖"。	副校长
3		研修活动交流会	每个教研组以本年度自己组织过的最成功的一次教研活动为例，介绍本组的研修活动开展情况，评选"创意活动奖"。	副书记

序号	周次	活动内容	具体说明	负责人
4	第三周	研修成果展览会	每个教研组将本组的物化成果集中起来，在学校展厅内展出，每个组派讲解员1人，为参观者解说，评选"优秀研修团队奖"。	副校长
5		资源建设成果展	每个教研组将本组的课程及教学资源进行展示，评选"资源建设贡献奖"。	副校长
6		个人研修论坛	教师对自己的研修成果，如论文、叙事等进行简单介绍，评选"优秀论文（叙事、课题）奖"	副校长
7	第四周	研修成长汇报会	每个教研组推选本年度自我研修比较出色、研修成果比较突出的教师1人，到"研修成长汇报会"上展示发言，评选"成长风采奖"。	校长

【样例评析二】

从案例中可以看出，学校的活动设计体现出以下几个特点：

第一，重视从团队背景去评价教师的研修活动情况。

第二，学校的活动设计基本采取展示的方法，在促进交流以及交流的过程中，实现再次研修。

第三，活动设计丰富多彩，形式新颖。

第四，学校注重过程性评价。尤其是将教师平时的课件资源作为评奖的一部分，体现了学校对过程性研修的重视。

第五，学校从进步角度评价教师研修情况，并且有很大的展示面，更多的教师都能在认真参与后得到恰当的表扬与肯定。

第五章
混合式校本研修的评价与保障

开 篇 小 语

　　没有评价就没有工作。任何改革的实施都离不开制度和机制的保障。校本研修是一个漫长的过程，只有建立健全校本研修制度，才能避免在研修过程中出现杂乱无章的局面，从而保障校本研修的顺利开展。

　　虽然有些学校也有很多规章制度，但没能引发教师们参研的积极性；有些学校也制定了很多教师研修的激励机制，却没能让教师内心产生参研动力。创建什么样的制度能唤起教师主动成长的愿望？如何让教师充分享受研究和学习中的乐趣？希望在这一章能引起您的思考。

第一节 混合式校本研修制度的创建

制度本身就是校本研修的一个重要组成部分。混合式校本研修制度是对教师的约束与评价，如：教师评价评什么？怎么评？评价结果如何运用？采取什么样的方式来使教师在研修中充满活力？如何使混合式校本研修可持续发展？这些问题看起来是对教师工作的管理，其实是影响混合式校本研修开展效果的关键性问题，也是校本研修能否有效开展的重要标志。

案例启思

一天放学后，周副校长和李校长一同下楼回家，走到二楼的时候，就听见二年组的老师在争辩不休。他们走进去一看，二年级的两位老师正在办公室内争论着上午的研讨课技术是否适切的问题。

周副校长特别有感慨，对李校长说："这样的老师越来越少了。"

李校长说："可不，咱们的研修方案，那是请专家帮助修改的，省里领导都说我们的方案很完美，可实施起来，有点像余光中先生写的诗：'设计在这头儿，实施在那头儿'。现在我们的老师怎么这么不爱研究？我们哪个环节出了问题呢……"

问题剖析

混合式校本研修的推进，不能单纯地看作一项工作。它是一项系统工程，不仅仅是课堂教学研磨的事情，还需要一系列准备：思想方面的统一，制度方面的保障，组织方面的建设，干部方面的引领。

从某种角度讲，校本研修是研修重心从高位走向基层、从理论走向实践、从宏观走向具体的过程。只有在完善的制度支持下的校本研修，才能确保每一项研修活动顺利开展，从而促进研修活动的有效生成。

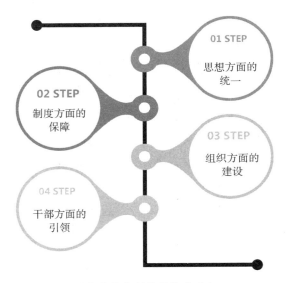

混合式校本研修的推进准备

关于制度的定义，可说是仁者见仁、智者见智。制度经济学创始人凡勃伦说："制度是一种思想习惯和流行的精神状态"；美国制度经济学家康芒斯说："制度是一种组织"；美国制度经济学家诺斯认为，"制度是一种规则"；日本学者青木昌彦提出："制度是一个系统"；马克思指出："制度只不过是个人之间迄今所存在的交往的产物"。《辞海》把制度定义为："要求成员共同遵守，按一定程序办事的规程……"可见，任何一项制度，都是为个人或组织的行为划定一个可行或不可行的边界。往大里说制度是治国安邦的纲领，往小里说它是一言一行的行为规范。任何一个政党、一个国家、一个社会、一个集体都重视自己的制度建设，都努力使人人都成为"制度里的公民"，都处在制度的"笼子"之中，正如美国前总统小布什称自己"是站在笼子里说话的人"一样。[①]

由于部分学校与教师都处在校本研修的初级阶段与浅层研修阶段，缺乏必要的研修制度和完善的研修机制，因此在校本研修过程中存在不少问题，这些问题使学校在开展校本研修时进程相对缓慢，影响了教师进行校本研修

① 周曦."制度自信"理念下学校制度建设初探 [J]. 大视野，2021（01）：70-73.

的积极性和主动性，甚至使校本研修处于较为混乱的状态。这种混乱的状态包括两方面：

一、由于缺少研修制度，而使教师游离于研修之外

一些教师仍然没有认识到教师研修的重要性，在缺少研修制度约束的情况下，游离在研究活动之外，仍进行着画地为牢的教育活动，对学生的教育停留在过去的经验上，对教师专业发展的理解较为片面，认为只要上好课、教好书就行，不注重个人的持续发展。变革必须遵循某些原则并在一定的制度基础上运行，任何一种变革都不能在没有制度保障、不遵循制度约束的情况下进行。[①]

二、由于缺少必要的制度约束，参加研修的教师亦心不在焉

一些教师虽已加入校本研修，并参与教育研究活动，但由于他们的研究活动缺乏必要的规范，导致研修随意性大，或只是按照上级的指示办事，存在着较大的被动性和被迫性，仅是完成任务，出工不出力，导致"鸟儿从天空飞过，没留一点痕迹"。

制度的弱化会使学校开展混研时出现随意性大、安排不当、流于形式、缺乏效果等现象，也会使教师缺少深入的探讨、反思，导致教师在参研后收获不大，从而降低教师参研的积极性。

解决策略

学校要重视混合式校本研修的保障体系建设，将校本研修纳入目标考核，实施现代学校管理体制，化解政策及资源障碍，完善制度机制保障体系，为学校教师发展赋能。

一、站在规范角度，建立保障运行的制度

首先要制定规范。"没有规矩不成方圆。"制度是行为的约束，也是活动有序组织、有效开展的重要保证。校本研修是基于课堂教学的问题所开展的行动研究，针对校本研修的活动策划、组织实施等关键环节，对于教师线上

---

① 张红霞. 制度更新：探寻学校运行"新秩序"[M]. 南京：江苏教育出版社，2011：3.

的学习、讨论、反思及相关备课、上课、研讨等教研活动的开展，学校都须有明确的要求，并将这些明确的要求以"制度"的形式固定下来。

其次要明确责任。为了提升研修主体参与混研的意识与能力，针对校本研修活动的组织与策划等多个关键环节，要进一步明晰并规约校长、教学校长、教研组长等人的职责。对于他们各自在混研中的角色定位、任务分工都要以坚定的语言做出刚性的要求。特别要通过制度对教研组的地位予以凸显。

再次要突出评价。混合式校本研修由学校组织安排。这一特点体现为学校的一种制度、一种组织行为，体现了学校主导的特点，也体现了学校领导的意志、学校的追求。校本研修通常以学校行政权力推动，以组织行为作为保障，可以与教师的聘用、考核、晋升、奖惩密切结合，能够使各种规定得到及时有效落实，使执行得到充分保障。

在教师广泛参与和讨论的基础上，学校要将制度演化为科学合理、教师认可、切实可行的混研考评细则。考评细则的制定，要有学校教师的参与，既要反映出混研的规律、学校的思路，又要保障教师的权益，符合实际，内容简洁，不做表面文章，因地制宜，因校制宜，因师制宜，注重问题的解决。以往，有部分中小学校也都制定了考评细则，但内容多涉及的是德、能、勤、绩，注重成绩与分数的考评，忽视了教师研修与专业发展的考评，这是严重的偏差和重大的失误，不仅对教师参与研修起不到激励作用，反而对教师的参研极为不利。制定考评细则的目的是体现教师专业发展和成长的重要与突出地位，用教师专业素质的提升来影响和带动教育教学质量的提升，以增强学校教育教学工作发展的后劲。混研的考评细则要注重自主、强调过程、突出反思。一个好的考评细则，应把考查教师教育教学质量作为基础，评估每位教师专业发展的实际状况，不是为了高低排序，而是注重个人的成长增值。

混研制度是一个基本的保障性制度，其主要目的是规范教师行为，是外在的、刚性的要求，也是教师必须遵守的相关准则。规范性的混研制度强调的是底线思维，宜少而不宜过多。

二、站在平等角度，建立契约导向的制度

传统的制度多是由管理者制定，外部评价者（管理者）处于绝对权威地位，教师只是被动地接受评价，这种以控制为目的、以奖惩为手段、由管理

者掌控主动权的评价，其标准主要是管理者的意愿和价值判断，这样的制度忽视了被评价者的主体存在，多用"不……""不准……""不能……""不要……""禁止……""如果……就（罚、扣）……"句式来表述，完全是站在教师的对立面来管理教师，无视教师的情感体验，结果适得其反。[①] 这样的制度会引起教师的反感，又何来工作积极性与热情？致使研修"出工不出力"，毫无效果可言。

无论是哪种制度，都具有强制性，这是研修制度的优势，更是研修制度的弊端。迈克尔·富兰强调："双向的内外互惠性，是推动改革前进和扩大改革影响的关键因素，教育改革中也没有任何单项的捷径。"[②] 制度如何做到"双向内外互惠"？答案是：使制度成为全体教师共同乐于遵守的契约、盟约。

契约与制度在本质上有很大区别，其主要有以下几点：一是契约关系的双方是平等的。在契约的制定方面，管理者不是居高临下地命令与要求，而是与教师站在平等的位置，进行协商。二是契约关系是双方约定。契约是在双方协商基础上的约定，而制度则带有命令性质。契约形成的约定需双方共同遵守，对条款的顺利进行负有共同责任。三是契约关系是相互的。权利和义务是互相捆绑在一起的，没有哪一方可以只享有权利而不承担义务，也没有哪一方只履行义务而不享有权利，要享受权利就要履行义务。特别需要说明的是，契约的制定，要将权利与义务都予以明确，而非只是义务。

契约不等同于制度，它是为了保障与维护混合式校本研修开展时集体与个人的利益。在学校，要突出强调制定有利于学校与教师发展的"契约"，强调"契约精神"，学会用"契约思维"思考问题与解决问题，进行"契约导向的评价体系建设"，这是在制度建设时应该注意的地方。

三、站在引导角度，建立深入研究的制度

制定制度的根本目的是促进教师开展有效研究、持续研究，进而改进实践。学校在建立研修制度时，一定要考虑是否符合这条准则，是把人管死了，还是把人激活了。

---

① 刘志军，等. 呼唤主体发展的教师评价 [J]. 基础教育课程，2005（7）.
② 迈克尔·富兰. 变革的力量：透视教育改革 [M]. 中央教育科学研究所，加拿大多伦多国际学院，译. 北京：教育科学出版社，2000：267.

教师研修工作的评价，应在引导教师积极、自觉参与研究的同时，促进他们的研究走向规范和深入。

学校要对原有的研修制度进行调整与优化，以适应不断发展的需要。例如，信息技术在课堂教学中的应用目的是优化、变革课堂教学，所以相应的备课、上课、听评课制度也要随之而变。学校要有与此相匹配的研修制度，来保障教师备课、上课、听评课的顺利开展。再如，对不同层面的教师有不同的研修要求，不同的教师可以自由选择不同的研修任务等，这都是对制度的优化。

教师研修与教师工作和学习有所不同，它很难通过强制的方式来推进。但在不少学校的教师管理制度和目前对教师"激励作用"最大的评价政策中，没有注意"外驱"与"内驱"的区别，往往以单一的、结果为主的评价模式来评价教师的研修。教师开展研修逐渐被单一化为发表、结题与获奖。评价要改变主要通过成果数量清点来评价教师研修工作的做法，多采用展示性的团队评价——让教师把一年来开展的生动活泼的研修过程拿出来展评，从而促进教师团队研修的开展，促进教师之间的成果交流。

若将文章、案例或课题等量化成果作为评价指标，会将教师研修与教学工作割裂甚至对立，使研修变成教师的工作负担，使教师产生焦虑，这与鼓励研修是相背离的。

教师的研究性工作评价，应将教师研修的年度目标描述为学习研究活动和研究方向，可让教师自定计划，自选本年度研修的目标，把刚性的任务要求转化为体现导向的行动上。

自我引导、自我评价、团队评价等方式，是关注教师成长进步，尊重教师个体差异，不断将教师引向深度研修的具体操作方法。

样例展示

浙江某校混合式校本研修考核方案

根据国家提升工程相关要求，学校决定在本年度开展全员信息技术应用能力提升培训。关于校本应用考核的要求如下：

一、指导思想

根据上级文件的要求，参照国家《教育信息化 2.0 行动计划》和《全国中小学信息技术应用能力提升工程2.0》等文件，结合我校实际，研究制定了信息技术应用能力校本应用考核与评价制度。

二、研修方式

常规教学：

1. 备课

（1）备课应体现以下基本原则：

原则1：注重情境的创设与转换。使学生经历与实际相类似的认知体验。同时注重情境的转换，使学生的知识能够得以自然地迁移与深化。

原则2：充分尊重工具和资源的多样性。注重对信息技术工具和信息资源的使用进行设计。这些工具和资源应当同学生的主题任务相关，能够帮助学生完成问题解决的过程，促进学生的意义建构。比如提供给学生与教学主题或问题相关的网络资源、典型案例，对学生的学习进行一定的指导和帮助等。信息技术工具和信息资源在信息化教学设计中具有不可替代的作用。

原则3：以"任务驱动"和"问题解决"作为学习和研究活动的主线。该原则有几方面的含义：①学习活动的展开通常可以围绕某一问题或主题，这些内容通常来自现实学习和生活中的一些具体事例。②学习活动具有明确的任务性、目的性，学生知道为什么而做，教师的重点放在如何有效地引导学生方面。③现实中的任务与问题不同于强加给学生的学习目标或现成答案。学生通过对问题和主题的主动探索活动体验学习的快乐，培养学习兴趣。

原则4：学习结果通常采用灵活的、可视化的方式进行阐述和展现。在学习活动结束时，学生应当对自己的学习结果进行总结和展示，同他人讨论和协商，以加深对学习过程的理解和反思，这些内容通常以研究报告、演讲、讨论等形式展开。在这些过程中，教师应当对学生的学习成果进行必要的指导和帮助，帮助学习者更好地将学习成果展示出来。

原则5：鼓励合作学习。信息化教学中，学习者通常是以小组或其他协作形式展开学习，在学习过程中互相帮助，共同完成某一项任务目标，实现"问题解决"。每个学习者在中间承担一定的任务，担当一定的角色，学习活动过程成为"学习者身份和意义的双重建构"。学生之间相互协作，共享他人的知识和背景，共同实现组织目标。

原则 6：强调针对学习过程和学习资源的评价。信息化教学设计是一个连续的、动态的过程，在学习过程中，教师通过不断研究和质量评估，收集数据，使用过程性评价达到改进设计的目的。同时，由于信息化学习资源种类繁多，为了有效地利用信息化学习资源，也必须对资源进行优化选择。

（2）以改进教学方式和学习方式，变革教学组织形式，创新教学手段，改革学生评价方式为重点，融合运用传统与现代技术手段，重视情境教学；探索基于学科的课程综合化教学，开展研究型、项目化、合作式学习。精准分析学情，重视差异化教学和个别化指导。

（3）严格执行课标要求，以学生为中心，关注学生能力的培养，关注学习过程。将信息技术有机融入教学设计中。

（4）坚持集体备课，每个备课组每个星期集体备课一次，并做到研技术、备课标、备教材、备学生、备教法、备学法、定中心发言人、定内容、定时间。

（5）每个月每一备课组须组织一次信息技术应用相关的直播备课，直播可以通过学校直播平台或者 UMU、CCTALK 直播工具。备课结束后，将备课直播链接生成二维码报送教导处备案。

（6）备课要求同存异。从备一节课到备学生学习过程，即学习之前、之中、之后综合设计，课堂教学的重点、难点内容统一，教法、学法等则根据教师自身实际特点和学生实际情况而各有不同。

（7）每一学期，备课组要从项目学习、混合学习、深度学习、跨学科学习、情境学习、智慧学习中选择一个主题，围绕学校信息化教学发展规划开展教学研究工作，期末撰写的研究报告报送教导处。

（8）积极探索信息技术支持的教学组织方式的变革，备课体现差异化教学、鼓励学生个性化学习。

（9）教师要准时参加集体备课，备课组长上交备课记录。

（10）每两周每个教研组要根据研修主题进行一次线上研讨。教研组长要负责设计、实施、评价，要有研修成果。

2. 教案

（1）探索由教案的设计向学习方案设计转变。

（2）教案设计应包括教学主题、教材分析、学生分析（应标明过程）、教学目标、教学环境（多媒体环境、混合环境、智慧环境）、信息技术应用思路（突出三个方面：使用哪些技术？在哪些教学环节如何使用这些技术？使用这些技术的预期效果是什么？）、教学流程设计、教学特色等。

（3）教案要体现深度学习以及对学生高阶思维培养的理念。

（4）教学内容要体现学习过程设计，信息技术融入学生学习过程设计之中，突出学生创新能力的培养，体现以学生为主体、教师为主导的作用；要体现从知识传授到能力培养的转变，以课堂教学为主到多种学习方式的转变，以教为中心到以学为中心的转变。

（5）教案要体现信息技术支持的学情分析、学习方法指导等内容，以及教学之前、中、后设计，引用他人或者互联网资源，要标明出处，并且做好内容考证，教案要以学生为中心，层次清楚，书写工整、规范。

（6）鼓励采用 UBD、WEBQUEST、MINIQUEST、英特尔未来教育、研究性学习等模板进行教学设计。

（7）有德育渗透点和信息技术融合点，注重对学习信息道德、信息安全意识的培养。

（8）每个学期每个学科须提交一节跨学科教学设计、一个项目学习教学设计、一节体现混合学习的教学设计。

（9）学校鼓励探索信息技术支持的小组合作学习、混龄学习、项目学习等。

（10）提前写一二节教案，注明备课日期，有课后反思。

（11）有条件的可以实行电子备课，但要按学校的要求做。

3．公开课

（1）根据学校规定，每月每个备课组必须推出一堂信息技术支持的校级公开课，每学年每位教师必须上一堂信息技术应用研究课。

（2）备课组的公开课必须由备课组全体成员集体备课、磨课，公开课须体现混合学习的理念，体现信息技术与学科教学的深度融合，探索信息技术支持下的由集体教向集体学、个性化学习转变。

（3）公开课必须提前一周通知教导处，并由教导处公布信息，无课教师均应参加听课。

（4）公开课必须通过学校提供的直播平台（或通过 UMU、CCTALK）直播。

（5）公开课的教案、课件、直播的准备。公开课的教案必须在开课前交教研组长，公开课的课件以及直播地址、观看人数则于课后交教研组长，并于学期结束后交教导处存档。

4. 听评课

（1）教研组开展集体听评课，应采用信息化手段，基于数据或者实例评课，要从经验评课转向实证评课。

（2）教研组要研制外显的、可测量的学科信息化课堂教学标准，开展基于课堂实录的课例分析，每个学期每一位教师要基于学科课堂教学标准实录分析一节自己的课堂教学，并撰写一份信息化课堂教学分析反思报告。

（3）教研组要将学科信息化课堂教学标准交到教导处备案；每一位教师的信息化课堂教学分析反思报告在学期结束后交教导处存档。

三、奖惩制度

（一）奖励

1. 根据学校信息化教学实施方案，按时参加线上课程学习，认真完成相关研修作业，在研讨活动中做主题发言者记入优秀学员档案。

教师依据自己选择的能力点提交作业，要求如下（样例）：

A01. 技术支持的学情分析

提交一份教学设计，重点说明确定教学难点的依据，以及是如何就本节课做好学情分析的。

B08. 技术支持的测验与练习

（1）用问卷星或其他工具编制一套能够即时反馈的试题；要激发学生的兴趣；

（2）用手机录制一段视频，谈谈自己编制试题的思考。

C04. 支持学生创造性学习与表达

（1）提交一份教学中能够体现学生创造性学习与表达能力的视频片段；

（2）用手机录制一段视频，谈谈自己在这一环节的组织中的思考及效果。

……

2. 能把学习到的信息技术应用于课堂教学之中，打造技术创新课堂。教学成绩突出者记入优秀学员档案。

3. 积极撰写与信息化教学相关的论文，论文获校级一等奖以上者或在正式刊物上发表的，给以一定的奖金并记入优秀学员档案。

4. 学校对教师读书笔记进行评选，评选结果记入优秀学员档案。

5. 信息化教学研究课题在校级以上立项的课题组成员记入优秀学员档案。

6. 信息化教学设计在区级以上获奖者记入优秀学员档案。

7. 以上记入优秀学员考核档案的教师，与学校年度考核挂钩，作为教师年度考核的一个指标及申报省、市、区三级骨干教师考核的一个重要指标。

（二）处罚

1. 严格坚持考勤制度，凡在集中学习、培训工作中无故缺席或因其他事情缺课达总课程三分之一以上者，均不能取得该项学分。

2. 培训作业（如与信息技术应用相关的教育教学案例以及教学设计、教学成长故事、个人成长规划、读书笔记、讲座听后感等）超过五分之一不交者，不能取得该项学分。

3. 未能按规定上信息技术应用公开课、上交相关课件和教案者，不能取得自主研修学分。

4. 以上内容将与教师年度考核挂钩，作为教师年度考核的一个指标及省、市、区三级骨干教师年度考核的一个重要指标。

四、考勤制度

教导处负责信息化教学校本研修各项学习、培训工作布置、检查和督促，各教研组长及各处室要积极配合。

1. 学校对教师的信息化校本研修实行学时学分制度管理。

2. 严格考勤管理，每次集中培训均采取签到制度，且必须由本人亲自签名，严禁由他人代签，一经发现，本人和代签者本次培训作缺勤处理。

3. 如必须参加上级教育主管部门组织的活动而无法参加学校组织的校本研修活动，则必须于事后补习相关内容，否则作缺课处理。

4. 培训的相关作业，必须在规定的时间内上交教导处，逾期不交者按相关规定处理。

5．学校教导处组织人员对教师上交的信息化教育教学论文、案例、课题等进行评比，并将结果在校园网上公布。

五、公示制度

为规范和促进学校信息技术支持的校本研修管理工作，使我校的校本研修工作能正常、有序、有效地开展，本着对教师高度负责的态度，特制定本公示制度。

1．学校组织的信息技术应用相关的讲座、集中学习、培训作业等信息将在校园网上公示。

2．有关信息技术应用的讲座、集中学习等教师出勤情况将于两天内在校园网上公示，如有出入，教师可在一周内向教导处提出，经核实后予以更正。

3．教师上交的信息技术应用相关的教育教学论文、案例等研修作业将于作业上交截止日之后两天内在校园网上公布，如有出入，教师可在一周内向教导处提出，经核实后予以更正。

4．教师信息化教学相关论文、课题等，评比结束后在校园网上公示，接受全体教师的监督，教师可于一周内向教导处反映情况，经核实，确有问题的报校长室最后裁定。

5．教师所取得的信息技术应用校本研修学分，将在校园网上公示。

以上信息技术应用校本研修考核与评价制度，由学校教导处负责制定，由校长室审定，在此基础上，教导处将制定信息技术校本实践指南以及成绩评定细则。本制度自确定之日起实施，并将在具体操作中不断完善。

附件1：2020 年度信息技术应用活动设计日程安排表

日 期	拟开展的活动	活动目标	负责人

附件 2：教师读书推荐书目（样例）

【图书】如何分析学情

作者：程胜

出版社：华东师范大学出版社

出版时间：2014 年 11 月

【图书】课的导入与结束策略

作者：郭芬云

出版社：北京师范大学出版社

出版时间：2010 年 08 月

【图书】课堂讲授策略

作者：刘丽萍、石鸥

出版社：北京师范大学出版社

出版时间：2010 年 07 月

【图书】学生评价与学法指导

作者：邵清艳

出版社：东北师范大学出版社

出版时间：2010 年 06 月

【图书】促进学习的课堂评价

作者：王少非　等

出版社：华东师范大学出版社

出版时间：2019 年 02 月

【图书】微课视频制作与翻转课堂教学

作者：马九克

出版社：华东师范大学出版社

出版时间：2016 年 08 月

【图书】微课设计与制作一本通

作者：金洁

出版社：清华大学出版社

出版时间：2018 年 12 月

【图书】追求理解的教学设计（第二版）

作者：格兰特·威金斯、杰伊·麦克泰格

出版社：华东师范大学出版社

出版时间：2017 年 03 月

【图书】高维度思考法：如何从解决问题进化到发现问题

作者：［日］细谷功著，程亮译

出版社：中国华侨出版社

出版时间：2018 年 07 月

【图书】【合作学习】提升学生小组合作学习的 56 个策略

作者：［英］罗博·普莱文

出版社：中国青年出版社

出版时间：2018 年 09 月

【图书】合作学习技能 35 课：培养学生的协作能力和未来竞争力

作者：［美］哈维·斯莫基·丹尼尔斯、南希·斯坦尼克

出版社：中国青年出版社

出版时间：2016 年 04 月

【图书】静悄悄的革命：课堂改变，学校就会改变

作者：［日］佐藤学

出版社：教育科学出版社

出版时间：2014 年 11 月

【图书】混合式学习：用颠覆式创新推动教育革命

作者：［美］迈克尔·霍恩、希瑟·斯泰克

出版社：机械工业出版社

出版时间：2015 年 09 月

【图书】翻转课堂与深度学习：人工智能时代，以学生为中心的智慧教学

作者：［美］乔纳森·伯格曼著，杨洋译

出版社：中国青年出版社

出版时间：2018 年 08 月

【图书】重新设计一所好学校

作者：［美］普拉卡什·奈尔

出版社：中国青年出版社

出版时间：2019 年 08 月

【图书】极富空间：新教育学如何实现深度学习

作者：［加］迈克尔·富兰、［美］玛丽亚·兰沃希

出版社：西南师范大学出版社

出版时间：2018 年 05 月

【样例评析】

评价制度的改革一直在探索中前进。作为混研活动开展的主体——学校，作为学校中的重要人物——教师，都需要完善的、科学的制度为教学工作保驾护航。因此，建立完善的校本研修制度是促进教师专业发展的必然要求，也是促进教师开展教学研究的必要保障。

本案例所呈现的研修制度，其特点体现在以下几方面：

一、侧重于规范

案例中，学校在奖惩、考勤、公示等方面都作了"硬性"规定，权责清晰、要求明确，避免滋生散乱、颓废、浮于表面的研修风气，通过制度积极引导全体教师专注于学术研究，专注于专业成长，进而促进学校的可持续发展。

二、简洁易于操作

对于规范类的制度，不宜烦琐，规定的都是研修的基本要求。对于研修制度，学校可以根据实际情况适当调整，其根本目的就是对研修活动的有效开展提供保障。

三、具有指导意义

学校不仅把要求固化，而且将备课、上课等研修方向予以明确。在考评方案中，教师知道了"要做"，更明晰了"如何去做"，这些提纲挈领的指导，指明了学校课堂教学改革的方向，也指明了信息技术在课堂教学中融合的要

领。在考评方案的附件中，还为教师提供了阅读书目，以便教师深入研修，这些都是此案例的亮点。

建议：加强自我引导、团队捆绑式评价方式，以促使教师进入自我研修的良性发展轨道。

第二节　混合式校本研修文化的形成

制度是一把"双刃剑"。混合式校本研修的制度建设，实际是想促进研修从他律走向自律，最终到自治的目的。依据这一目的，我们需要思考：创生什么样的制度才能使教师达到"自治"？为了实现"自治"，现有的混研制度需要进行怎样的修订与调整？制度建设如何从"管理"走向"治理"？什么样的制度指向生命的舒展与从容，凸显人的价值？

案例启思

一天下班，教研组长毕老师正好在校门口遇见正在值勤的丁校长，就和丁校长说："校长，您要是不忙，我和您反映点事儿。""不忙不忙，"丁校长说，"什么事？别有顾虑，尽管说。"毕老师说："现在老师们有些意见，平时教学工作很紧张繁忙，上课批改、矛盾处理、家长沟通，事无巨细，现在又来了研修的一大堆事，每天上下班考核，病事假考核，上网学习考核，备课研讨考核，案例反思考核，动不动就考核，现在真是有些受不了了……"

毕老师像"机关枪"一样，谈了校本研修制度给老师们带来的压力。丁校长也敏感地意识到：目前刚性的研修制度该如何修正与完善呢？

问题剖析

混合式校本研修制度的建立，其根本目的是发展人而非束缚人。案例中，教师们明显感受到了学校研修制度带给他们的压力与束缚，表面是"有序"，实则很难发展。

"制度确定了人们的选择集合"，也"限制了人们的选择集合"①。它指导着人们的行为，让教师知道自己应该做什么、必须做什么、不能做什么、禁止做什么。同时，"同样的人在不同的制度下，其积极性、创造性和潜能的发挥也是极不相同的，不同的制度下人的精神和个性表现出不同的状况和特点，有着不同的发展水平"②。

如上所述，混研制度的建立，要注意到以下几个方面：

一、制度要加强针对性

教师参加研修的动机是不同的，有的教师自主性动机强，有的教师自主性动机弱，需要外力加以调控，对具有不同动机倾向的教师，要结合其个人的能力与素质有不同的定位。面对同一份研修制度，有的教师完成得积极主动，没有感觉到研修难度过大，相反，有的教师则一筹莫展，痛苦万分。因此，对不同层级的教师，完成不同的研修任务，要对应不同的研修制度，实行有针对性的"个性化"研修，以避免制度的僵化与呆板。同时，要采取不同的策略加以引导和鼓励，以使每位教师都走上自主研修之路。

二、制度要起到激励作用

从认知评价理论来看，研修制度是一种约束，如果希望激励教师积极参与和全情投入，提高研修的效率，制度建设的核心就应在于激发教师的内在动机，促使教师将外在的规范和要求内化为个体自身主体性的需要。

学校的管理者与组织者要学会尊重教师的人格特质与情感需要。了解与认同是评价与奖励的重要前提。管理的根本是管人，管人的根本是管心，即使是刚性的制度也要辅以柔性的管理。柔性的管理在本质上是情感管理，即管理者以真挚的情感，做到"以人为本"，营造尊重人、信任人、关心人、理解人的文化氛围，增强管理者与教师之间的情感联系和思想沟通，满足其心理需求，提升智力资本价值，激发人的最大潜能。

三、要致力形成自主研修的文化

研修文化是研修的最高境界。能够堵塞漏洞的不是 360 度无死角的制度，

---

① 道格拉斯 C 诺斯. 制度、制度变迁与经济绩效［M］. 上海：上海三联书店，1994：4-5.

② 叶澜."新基础教育"发展性研究报告集［M］. 北京：中国轻工业出版社，2004：36.

而是文化。

研修文化形成的标志是自主研修意识明显增强，研修热情明显提升，每位教师的专业发展内驱被激活，投身教改的积极性和创造性被点燃。有文化力量注入的校本研修，是教师生命成长的研修，是教师情感升华的研修，是充满文化品位的研修。在这样的研修氛围中，教师进入自主研修的状态：研修共同体由教师自由组建，研修任务由教师自己选择，研修活动由教师自己设计，研修的时间由教师自己安排，研修形式由教师自己确定……在学校行为与教师主体性有机融合中，完成教师的自我实现和自我超越。

总之，理想的研修应该是与教育教学相辅相成、相互促进、和谐发展的，教师的研修为教育教学服务，反过来，教育教学又会促进校本研修，只有这样，教师的内心才会感觉到校本研修的确是一件幸福和快乐的事，自然就会自愿参与、主动参加。而这些，就是学校优良的研修文化。可以说，教师对校本研修的态度、情感和体验，是衡量校本研修文化是否形成的一个重要标志，也是衡量校本研修是否成功开展的一个重要标准。

解决策略

文化自觉是新时期教育改革和教师发展的必然趋势。文化塑造着人的意志、情感、兴趣、爱好、世界观、人生观、价值观、生活方式、行为方式、思维方式等心理世界。校本研修的目的是促进学校教师队伍内涵品质的整体提升，整体提升不仅包括专业知识、专业技能，还包括情意品质、情感态度，这才是真正的混合式校本研修应有的样子。

真正的混研能让人流连忘返，是你从教多年，甚至一生都在怀念的那段研修历程。使我们受用一辈子的研修，不是具体的知识内容，不是闪闪发光的研修证书，而是在研修过程中，所形成的思维、情感、态度及心理稳定性，以及把教育视为科学，对专业的尊重爱护、对学术的敬畏之心、对人生的理想追求以及对教育事业的执着探索，每一位在"场"的研修者：对于自己，能积极地进入深度研修状态；对于他人，能主动把这样的文化传承下来，不因时间的变化而变化，也不因管理者的变化而变化。这样的研修真正激发"人"的主体参研意识，这也是校本研修的"魂"。

优良混研文化，是每位校长所追求的目标，具体的操作策略在于建立激励为核心的机制。下面列举几种机制，希望能引发大家的思考。

一、确立"知识管理机制"

校本研修的有效开展需要制度保障，那么什么样的制度才是有效的呢？王洁提出要积极倡导建立在"知识管理"[①] 视野下的校本研修制度。知识管理作为一种管理模式和思维方式，作为一种理念、一种文化，对校本教学研修制度建设无疑具有重要的启示。

"知识管理"向我们展示了一种崭新的管理和思维方式。知识管理视角下的制度，是建立"知识共享"行为的有效激励机制，让"信息"流动起来，其出发点不是"管人"，而是"做事"。它是通过对个人知识、群体知识的管理，让知识在群体中流动、分享，使其中最有价值的东西发挥作用，从根本上来说，是为了提高每个成员的基本素质。

知识（教师的个人知识和教师的群体知识）是校本研修的核心推动力。基于教师的原有认知，不断内化群体中"流动"的知识，最终解决教学实际问题。对于知识管理，学校要建构"知识分享"的环境，创造"知识流动"的途径，提供"知识内化"支持。要将需要转化的知识通过各种渠道共享到教师中间，让教师自觉将其运用到工作中去，从而使教师的知识得以创新、创造。

表 10　上海某小学在提升教师信息技术应用能力阶段简案

序号	步骤	内容	说明
1	征集课程	您最拿手什么技术软件？在学校公示栏公示"导师姓名"及"教学信息"。	对教师的姓名及信息进行公布，增强其荣誉感。
2	按需培训	每位教师在需要学习的信息栏内签名。	将"不会"的与"会"的结成学习伙伴，因需施教。

① 王洁. 知识管理视野下的校本教研制度 ［J］. 基础教育课程，2007（37）：9-12.

序号	步骤	内容	说明
3	制订计划	各导师制订教学计划、目标、进度、评价，鼓励采取自学、任务驱动、展示交流等教学方式。	转变教学方式从转变研修方式开始，突出创新。
4	组织实施	按方案组织实施。 加强对实施效果的反思。	通过研修反思自己的课堂教学
5	答疑解惑	每次研修后，鼓励教师用技术手段发布自己的困惑、经验、感受。	针对教师学习的情况，再次有针对性地指导与反馈。
6	交流分享	学校开展分享活动，导师分享"教学经验"，学员分享"学习收获"。	通过交流分享机制，反思"教"与"学"的历程，总结方法，增强教师的职业幸福感。

在这个案例中，校长充分挖掘教师群体中的"知识"，使"知识"得以发现，并成为"课程资源"，基于"教师需求"的"课程资源"产生"流动意识"，"导师制"这一"教学策略"使知识真正流动起来，在流动的过程中，与教师个体内在知识连接、融合、创生，促进了专业成长。

这个案例给我们很多启示：激活教师参研热情的具体方法；通过转变研修方式，让教师重新思考学习，进而促进教学方式转变；分享机制的创生；研修流程的组织；等等。学校管理者在具体操作时，可借鉴参考上述优点，也可以沿着"发布任务—组建小组—开展研修—答疑解惑—成果汇报"路径去实施。

组建研修小组是"校本研修"的重点之一。以往的研修小组都是以教研组为单位，而案例中组建研修小组的方式很独特，在学习信息技术环节时，采取的方式是"双选"理念下的"自由组建小组"，这样形成的"组"更有针对性，更有凝聚力。给教师以选择权，就是给教师以自由。当一个人拥有"自由"的时候，也就增强了内在的动力。

二、建立"愿景导引机制"

愿景属于文化范畴。学校愿景是学校发展的一种期望、一种预测、一种定位，它反映着学校的价值追求与核心理念。如果能将愿景转化为所有教师共同持有的对学校未来希冀的景象、蓝图，就会成为激励教师的重要动力，成为加快学校发展的有力推手。

校长要把学校愿景与教师个人愿景有机融合，引导教师有远大的理想，或近期的工作目标。当教师的工作目标与学校愿景一致时，就会增强教师归属感、事业心、责任心以及自我发展的内在追求的动力，就会上下同心、守望相助，进而形成研修文化。

"外因要通过内因起作用。"要构建促进教师自主发展的机制，必须重视发挥教师自我评价（反思性评价）对于教师成长的作用，引导教师根据自我设定的愿景、目标，对照、反思自己的优势和不足，并努力缩小与愿景目标的差距，以使研修具有持续的动力。

美国学者戴安·霍吉斯在其著作中，曾对学校领导者给出这样的建议：

让教师在新学年开始时给自己写一封信，信中有两个目标：一是写下自己在新的学年在某些方面（如关于课程建设、课堂教学、主攻问题等方面）的工作目标，二是让他们为处理好同事关系和相互支持再制定一个目标。

把这些目标放在一个信封里，正面写上该教师的名字，把信封封好并保存起来。值得注意的是：写这些目标的人也是唯一读此信的人。

第二学期开始时，保管信的人把这些信发给教师，让他们回顾并反思自己目标的完成情况，然后重新封好信封，由校长保管好。

到学年末的时候，再把这些装有各自目标的信封发给相应的教师，让他们回顾和反省自己目标的完成情况，并为下个学年制定目标。

这样的机制：首先是让教师有自己的教育愿景，并将教育愿景转化为具体可执行的目标；其次是充分尊重教师，在尊重的前提下，等待教师自省自悟。"万千教育，求省求悟"，研修亦如此。校长要学会引导教师瞄着愿景与理想，学会内省反思，进而自我约束，走上自我研修的发展之路。

学校在制定研修制度时，要与愿景相结合。在愿景基础上制定的研修制度会使教师从被动执行转为主动约束。

三、建立"展示分享机制"

美国心理学家特尔福德认为："驱使学生学习的动机有两种：一种是社会交往动机，另一种是荣誉动机。"后者则是一种更高级的动机。校本研修也是如此。学校要建立展示分享机制，促进教师积极参加各项交流，在此过程中发现典型、重点培植。

无论让教师通过网络分享自己的研修成果，还是让其在线下大型活动中现场展示交流，都是对其研修成果的充分肯定，是一种赏识教育，是对其在特定的群体范围内取得一定的地位、待遇的具体体现，可以极大地激发教师参与研修的内在动力。

学校要积极参加上级相关部门举办的交流分享活动，也可以与兄弟学校联合设计多样的活动，为教师搭建展示的平台。例如，开展混合式校本研修提升交流会、混合式校本研修课题成果发表会、混合式校本研修精品案例展示会等研修活动，让教师走出学校，突破"校本"这个相对封闭的系统，不受限于"本校"，站在更广阔的舞台，在一个相对开放的环境中展示自我。教师也正是在一次又一次的展示中，勤于反思、努力学习，不断吸纳能量与信息，不断突破自身的局限，不断提升自我效能感，走上自我成长的快车道。

小张老师是一位90后，担任语文教师兼班主任工作。在信息技术应用能力提升工程2.0推进中，虚心学习，反复研磨，精心制作能力点。看到她的成长与变化，我非常高兴，就推荐她到外省的一个国培班上进行案例分享。回来之后，她特别兴奋地说："感谢给我这个机会，李校长，我真的非常高兴，人家都叫我专家……"看着她满是幸福的表情，就不难想象，这位老师今后会更努力地投入工作与学习之中，沿着"专家"这条道路一直走下去。

四、建立"合作竞争机制"

合作与竞争源于自组织理论中协同进化的概念。校本研修提倡同伴互助、提倡合作，但也不能排斥竞争。

竞争不是为了分出胜败、优劣，而是激励、唤醒，增加组织内部的生机与活力。因此，竞争一定要在科学的引领下进行。所谓科学引领，即竞争要有科学的目标导向。

　　科学的目标导向，首先是坚持正确的办学方向。如：不能把学生的学业成绩作为评价教师专业成长的标准，技术的介入不能变本加厉、"助纣为虐"，要把"立德树人"作为教育的根本任务，培养德、智、体、美、劳全面发展的社会主义建设和接班人。要把学生的成长、成才、成人作为教育的出发点与归宿点。其次强调良性竞争，而非为了名与利的不良竞争。竞争的规则要共同制定、共同遵守，其目的是激发主观能动性。再次，竞争要基于合作。竞争是社会进步的动力，但孤单的竞争、无合作的竞争是无力量的。竞争的目的不是凸显个人，而是要显示团队的共同努力，只有竞争意识与合作精神相统一，竞争中有合作，合作中有竞争，才能推动教师的进步与学校的发展。

　　湖北某小学根据学校的现状，为提高教师基本功与业务能力，按"确立研修主题、确定研修组长、组建研修团队、开展研修活动、展示研修成果"这一研修流程，建立了"合作竞争"机制。学校成立了微课制作、益智器具、思维导图、小组合作、智慧教学五个研修工作室。根据教师的特长，在自愿的前提下，选定五位教师作为工作室导师，并召开全校大会，由五位导师撰写招募词，面向全体教师宣讲研修团队的研修内容、活动安排、预期成果等，教师现场选择自己喜欢的研修团队。研修团队组建以后，各研修团队负责人按研修计划，带领本组成员，根据实际情况开展研修活动。学校每学期进行一次研修成果分享，先由五位工作室导师述职，然后参观各工作室成果展，由全体教师评出优秀研修团队。这所学校建立了基于合作的竞争机制，有效地调动了全校教师参研的热情。

五、建立发展性评价机制

　　发展性评价是指以促进教师发展为根本目标的教育评价观。整个评价是以促进教师发展为直接目标，以促进学生全面发展作为其终极目标。

　　注重发展性评价机制，就是注重研修前后的增值。主要考查每个教研组或个人的进步幅度，推动纵向评价。以往只注重研修结果的评价对教师的激励作用并不大，尤其是对"特别努力"和"不太努力"的"两端"的教师来说，激励作用更有限。以"进步的幅度"来"论英雄"，会激励优秀教师保持进取，这种"增值"评价也会促进能力相对薄弱的教师不断努力。

　　注重发展性评价机制，就是注重研修过程的评价。发展性评价注重的是过程。教师参加校本研修，其过程远远比结果更重要。教师在信息内化与实践历练中，研修意识不断激活，研修能力持续提升，研修主体得到专业成长。在具体操作方面，学校通过指导教师专业发展的规划，并为教师建立"教师业务档案""教师成长记录袋"，按照电子与文本相结合、过程与结果相结合的原则，加强对教师师德与业务成长过程的记录、展现和分析，关注成长过程，注重自我反思，为教师学习、研究及改进工作提供保障。

注重发展性评价机制，就是注重教师个性的差异。要有效调动每一位教师的积极性，就要承认个体的差异性，在参考其原有的基础上，充分尊重每一位教师的真实情况，在此基础上，为他们设置真正适合他们成长的研修路径，引导他们在原有基础上不断进步。这种评价能够有效调动每位教师参研的积极性，进而促进教师主动发展。

评价要有利于教师发现自身教育教学中的长处与不足，有利于激发教师参与专业发展活动的积极性。为了达到上述目的，要尊重教师的个体差异，特别是对不同发展阶段的教师，要有不同的发展要求，促使每位教师最大可能地实现其自主发展。

下表是北京某小学教师个人发展项目表，教师可以根据自己的实际情况，选择相应的项目进行研修。

教师个人发展项目表

项目	积分细则
自主学习	1. 每多读一本与教育相关的书籍且有读书笔记（校园网上分享）加 2 分。 2. 积极参加学校组织的讲座、公开课等各项学习活动（签到 1 分，心得 2 分）。
自我展示	开设组内、校、区、市、省级研修课、公开课或班队会观摩活动，讲座（同一内容不重复计，按最高级别计算）分别加 2、4、6、8、12 分。
交流互动	作观点报告（含外出学习报告）等，每次加 2 分。
论文发表	凡在校园网上发表教育教学类学术文章的，加 2 分，公开发表教育教学论文的，每篇加 10 分。
科研实践	向教科院（所）申报课题并担任课题主持人（含小课题），加 5 分，参加课题成果展示（成果报告会、经验分享会）加 5 分。

知识管理机制
管理模式和思维方式

愿景导引机制
把学校愿景与教师个人愿景有机融合

展示分享机制
为教师搭建展示的平台

合作竞争机制
校本研修提倡同伴互助、提倡合作,但也不能排斥竞争。

发展性评价机制
整个评价是以促进教师发展为直接目标,以促进学生全面发展作为其终极目标

校本研修的机制

　　除了上述几项机制以外,学校还可以出台"成果管理机制""项目管理机制""教研组评价机制""共同体发展机制""课题发表机制"等激励性机制,以凝聚人心、规范行为、激发潜能、提高管理效率。学校可以依据实际情况制定合理的奖励激励机制,并坚持奖励为主、惩罚为辅的原则,以及精神奖励和物质奖励相结合的原则,助推教师的专业成长。

　　学校校长在建立机制的同时,还要注意两点很重要的因素:一是要自我反省,如自身是否做到了清正廉洁,是否做到信息的公开透明,是否处世公道,是否注重自身业务提升,是否真正关注教师、关注教学……这些虽然看似与校本研修无关,但对教师参研的积极性有较大影响。二是要重视考核结果的运用。大力表彰先进的教研组和先进个人,充分发挥正能量,增强凝聚力,让先进成为大家学习的榜样。在组织评定时,学校管理者要引导教师合理、公平竞争,友好竞争,避免教师为竞争所困。也只有在公平的竞争中,教师才会更加努力地参与校本研修。

样例展示

吉林省某中学学术节研修活动展示方案

　　为落实立德树人的根本任务,围绕学校发展规划的整体目标,全面提升学校的办学水平,在各教研组研修的基础上,通过此次学术节,为核心素养

的落地提供探讨教育教学规律的研究平台，教育教学改革成果的展示平台，以及增进共识共融的交流平台，特举办本次学术节。

聚焦"核心素养"，为了增强学校的学术研究氛围，营造良好的学习环境，进一步激发教师专业成长热情，提高教师专业技能和专业意识，特举办首届学术节。

活动主题：让教育有灵魂、让教学有价值

活动时间：11 月 11 日—12 月 12 日

活动安排：

一、学术团队风采展示

展示时间：12 月 1 日下午

活动安排：

1. 利用学术研修中心，每个学术团队根据自己的研修成果，按区域自行布展。

2. 教师参观各团队研修成果，每个团队派代表介绍。

3. 召开团队风采展示论坛，各团队以不同的方式展示研修成果，时间 20 分钟。

二、网络学术论坛

活动时间：11 月 11 日—11 月 30 日

活动内容：

学术论坛由三类论坛组成：百家讲坛、团队论坛、达人学坛。每个论坛限申报一人，特别优秀的可以申报两人。根据报名情况，学术中心统一安排时间。

活动要求：

1. 提升"开坛申请书"一份，写清开坛演讲专题、演讲提纲。

2. 提交一张个人生活照片及个人简介，由学术中心负责制作宣传海报。

三、"百花杯"学术节

活动时间：12 月 12 日

活动安排：

1. 成长墙签名。

2. 学术中心年度工作报告。

3. 研修成果展

4. 颁奖典礼。

吉林省某中学学术节研修活动汇报材料（摘录）

建设学术交流中心，就是想带着教师们进入一种自主需求的状态，带着教师们寻找自我幸福的关键，在职业生涯中让他们能够亮出精彩、感受成功、寻求认同、创造幸福。其目的就是为教师们搭建一个诗意栖居的港湾、自主成长的驿站、幸福生活的家园。

学术交流中心有两个工作重点：学术和交流。确立了"让教育有灵魂、让教学有价值"的工作宗旨，"关注顶层设计，执行扁平运作，用制度规范，用文化濡染"的工作思路。

对于学术中心的工作，我们开了几次研讨会，综合了教师们提出的意见和建议，制作了中心工作手册，细化了管理制度、评价制度、交流制度等几项制度。还形成了三大金牌套餐、六大自主设计。三大金牌套餐：让教师在活动中进行自我反思，在团队中实行同伴互助，在培训课程中受到专业引领。六大自主设计：自主规划——成长袋；自主管理——团队制；自主平台——论坛制；自主研究——小课题制；自主学术——自邀制；自主成果——学术节。

"追求卓越、学会感恩、勇于担当"是学校的核心价值追求，于是，在起始阶段，我们就向全体教师发出倡议："超越自我，做幸福教师！"在这样的理念下，我们对研修活动进行重新设计：

我们的第一个设计：规划幸福生涯、揭秘成长档案

为了让教师能超越自我，做一个幸福的教师，学校力图深度跟踪教师的成长，挖掘他们遗忘的幸福，学校设置了一面"成长墙"，给每一个档案袋一个独立的空间。学期末，在这里举办一场盛大的"揭秘仪式"，由教师自己开启档案袋，展示一年来的研修成果。这种带有仪式感、神秘感、期待感的揭秘，让教师瞬间被自己的付出感动了，也被自己的优秀激励了。当然，也有的教师被触动了。学校还会给表现特别突出的老师发放一个成长红包。形式的变化，让教师获得了被肯定后的幸福感。

我们的第二个设计：搭建幸福舞台，开设学术论坛

为了促进教师们深入研究，相互学习，学校开展学术论坛，任何一位老师都可以根据自己的专长，申请成为论坛坛主。我们共开设了三类论坛：百家讲坛、团队论坛、达人学坛。达人学坛是受电视节目启发，新开设的一类论坛。达人坛主的产生引发了教师的热议——学校在网上广发"英雄帖"，一方面由学校来搜索达人，另一方面教师也可以毛遂自荐。这种草根式的论坛，特别受教师欢迎，这样的论与谈，也最接地气，对学校来说，既经济又实惠。

为了让达人论坛在学校内掀起浪潮，每一个坛主开坛前，学术中心都特别制作海报，广泛宣传，广揽人气，并且为每一个坛主制作"明星"小传，将其风采照、人生光荣经历、教科研成果收录其中，在学校大门前的大屏幕上滚动播放，使坛主在宣传中获得认同与尊重，感受幸福与荣光。轰动一时的"疏导早恋专家"刘老师，是一位自荐达人，对于早恋问题，他连开三坛，场场爆满、掌声雷动。另一位夏老师，他虽然只是一个刚参加工作两年的教学新手，但他对于学生分组合作学习很有自己的个性研究，特别是学生分组策略。他的学坛引发了全校课堂学法的改革浪潮，有教师开玩笑：这是一场学坛引发的风暴。

台上坛主主论，台下观者可以补充，可以质疑，可以建议，可以提出新设想。做到坛主摆坛、坛内论坛、坛后议坛。论坛活动根据实际需要变换形式，不拘一格。一个个视野开阔、知识丰富、善于交流、乐于分享的"大家"，纷纷登台论"道"。

我们的第三个设计：打造幸福家园，建立学术自邀机制

学校出台的"自邀制"，打破了学校包办。自邀制包括：团队组建自邀建立、师徒结对自邀搭配、研修需求自我申请、课题选择自行设定、学术活动自主开展。

在自邀机制下，学校成立了 22 个学术团队。他们基于教研组，基于学科组，但又不拘泥于学科组和教研组，我们让那些有共同话语、相同愿景的教师走到一起，进行研究。信息技术团队，在疫情期间，分头为教师培训技术，采取"人盯人"的方式，为老师们答疑解惑，保证线上教学的顺利进行。语文的"孺牛"团队，他们的理念是：尊德行而道问学，致广大而尽精微。在

备战中考期间，他们确立的研修主题为"中考现代文训练选文的策略"。美术"绘声卉色"团队，原创了自己的队标，一只五彩斑斓的画手托起了象征民族未来的太阳；他们还制定了近期目标、远景规划。数学的"和谐号"团队特别让人感动，是一个充满青春活力的"老年团"，在团队成立仪式当天，这些"老团员们"穿着统一的服装，还特意画了淡淡的妆容，他们在现场高喊着口号：年龄平均四十五，工作生龙又活虎，校本研修数一流，和谐共进很幸福……22个学术团队就是22个故事，就是22份厚重的感动。

我们的第四个设计：享受幸福成果，举办"百花杯"学术节

首届"百花杯"学术节，共分三个板块：

板块一：教师亮相台

学术节就是自己的节日。我们想让教师都融入这种快乐喜庆的氛围，享受展示自己的过程，教师都积极填写"亮相表"。学术交流中心根据申请表，通过调整、整合，最后拟出学术节各项活动的实施方案。学术节上，让每一位老师都有机会能展示自我。

板块二：集体风采展

这是学术节的重头戏，展示会分五个环节：展题、展研、展课、展思、展果。活动中，每一位教师都积极地忙碌着，同时也收获着、快乐着。展示会上也收获了一些专家、领导的认可和赞美，他们说："你们的研修接地气，最实用，这样坚持研究下去，将来一定会出教育家。"

板块三：幸福年夜饭

在学术节上，学校为老师们奉上精心准备的幸福年夜饭——四菜一汤

第一道菜：学术中心年度工作报告。

第二道菜：幸福成果集。

第三道菜：幸福邀请卡。教师在卡上写出明年的幸福目标和对我们的建议。

第四道菜：年度幸福大片。展现学校里幸福的人幸福的事。

一碗浓汤：幸福颁奖礼。对有突出贡献的团队和个人进行表彰。给他们颁发"小金人"，让他们走红地毯。

各位领导、各位老师，往事并不如烟。今天是一个幸福的日子，注定又是一个远行的日子。各位教育同仁如约而至，为的是一个共同的心愿，打点

智慧的行囊，向着做一个幸福教师的彼岸，一路如歌、一路前行……下面我用我校一位达人在论坛中的一首诗作为今天发言的结尾：

总有一种思想让我茅塞顿开

总有一种精神让我为之动容

总有一种气场让我情不自禁

总有一种设计让我豁然开朗

总有一个评论让我辗转反侧

总有一个回复让我欣喜若狂

你的、我的、他的

一字一句汇集专业知识

一言一语磨出智慧之光

一路研修，感动常在

一路研修，幸福花开

【样例评析】

学术节方案是在一个月的时间内，集中展示一年来研修活动最精彩的部分。汇报材料展是把所有的研修活动进行一个融合呈现，有血有肉，更加立体真实。从这两份材料中，我们可以看出学校通过精心策划，努力营造幸福的研修氛围的良苦用心，教师的研修"痛并快乐着"。

以"分享展示"为主的活动设计，形式新颖，有很强的设计感：成长档案以揭秘形式呈现，研修成果以论坛方式展开，教师风采以海报形式宣传，团队组建以自选方式进行，集体亮相以创新设计驱动……系列活动让研修的教师亮出精彩、感受成功、得到认同、创造幸福，给研修的教师以尊严、荣光，让他们享受了研修带给自己的职业幸福感，这样的职业生活令每一位教师向往。教师的职业激情一旦被点燃，接下来的行动还会远吗？可见，设计好校本研修活动，唤醒教师的内在潜能，以积极的态度主动地投入研修之中，这是开展研修的最理想状态。从实施效果看，学术节的设计之所以成功，是因为老师们在经历了研修的"苦"以后，体会到了研修的"温暖"与"幸福"，将研修与教师幸福紧密结合，进一步激发教师研修内驱，形成了学校特有的研修文化。

第三节 混合式校本研修的发展趋势

混合式校本研修是当前研修的主要形式，未来混合式校本研修是一个什么样态？国外教师的专业发展有什么特点？

案例启思

何校长和王校长是同学，虽分属两个区，但他们之间经常就学校管理、教师发展交流意见。

一天，王校长给何校长打电话："老何，你昨天看电视没？老张又上新闻了。""你是不是说老张在疫情期间开展混合式校本研修这件事？"王校长说："是的。但我想说的是，混合式校本研修我们也开展了，可效果并不明显，你们怎么样？混合式校本研修是否真的能像老张在电视上讲的一样？我怎么没效果？看着管着老师们都不学，自由了，哪个能学？我估计，也就是一时新鲜，没啥前景。"

何校长说："混合式校本研修应该是未来教师培训的发展趋向，我们还是应该重视。"

"未来？现在都没样，未来能有什么样？"

何校长若有所思："是呀，未来的混合式校本研修是一个什么样态？我们能否有迹可循？"

问题剖析

在何校长与王校长关于混合式校本研修的对话中，可以看出：这两所学校都开展了混合式校本研修，但效果并不明显。说明王校长并没有深入研究混合式校本研修，也没有把握混合式校本研修的实质，特别是对未来混合式校本研修的发展还不太清楚。

实现有效的教师专业发展已经成为全球基础教育领域最为重要的目标之

211

一，很多国家、地区和学校都在想方设法地为实现有效的教师专业发展目标而努力，开展了多种多样的有利于促进教师专业发展的校本研修活动，特别是近年，对混合式校本研修进行了很多有益的探索。然而事实上，主观预期与客观现实相悖离，推进教师专业发展的活动收效甚微，很难实现有效的教师专业成长。有研究者敏锐地指出：我们所设计的教师专业发展活动或者渠道与教师所从事的真正专业服务其实是不相匹配的。① 如何走出传统校本研修专业发展模式的困境？如何有效地促进教师的专业成长？这已成为学校管理者常探讨的话题。

作为学校管理者，要认清混合式校本研修的地位与作用，清楚学校发展的思路，找准学校教育教学问题，带领教师研究破解课堂教学问题的对策，在促进教师的专业成长中实现学校发展。

作为学校管理者，要踏踏实实地开展混合式校本研修。实践出真知，学校管理者最忌坐而论道，要组织教师学习、研究、实践，在实践中深入思考，努力寻求问题的破解之策，不断调整与优化学校的混合式校本研修的现状，增大混合式校本研修实施的深度与效度。

作为学校管理者，要深刻领会混合式校本研修的内涵，明晰混合式校本研修的本质。混合式校本研修不能简单地理解为形式上的混合，真正的混合式校本研修是研修流程的重塑，研修方式的变革，只有真正领会混合式校本研修的实质，才能带领全校教师进行深度的研修，取得优良的研修成果。

作为学校管理者，更要有前瞻的眼光，用未来发展的视角看待教师的专业成长路径，要站在社会发展的大背景下，对比国内外的教育，思考教师专业发展的走向，以做出准确的判断。

解决策略

教师专业发展是教育改革成功与否的核心因素，教师质量关乎国家基础教育改革的成败，世界各国都很重视教师的专业成长，教师专业成长已成为各国深化基础教育改革的重要路径。未来的教师专业成长，会呈现多元的方

---

① 崔允漷，柯政. 学校本位教师专业发展［M］. 上海：华东师范大学出版社，2013：154.

式，会更加注重人本，注重自主，注重需求。

一、从定向培训走向自主选学

定向培训强调整齐划一，无论是儿童学习还是成人学习，从学习的角度看，要关注学习者，以"学习者"为本，使教师的学习能基于自身需要，有充分的自主选择权。

有学习的自主选择权，会激发教师的学习内驱。自主选学式培训的一个重要标志是"所学为所需"。因为需要，所以选择；因为选择，所以主动。自主选学式培训的最大优势，在于它是从满足教师实际发展需求的角度出发，力求让教师收益最大化，避免培训形式化。教师可以根据自己的具体需求，选择相关的培训课程进行学习和研修。这有利于提高教师培训的针对性、自主性和可操作性，最终提升教师培训的成效。由于自主选学满足个人的发展需求，教师在参训过程中就有了学习的兴趣和内驱力，学习状态将得到根本改变。自主选学式培训保证了教师的选择权，使培训不再是外部灌输，而变成自己主动完成的事情，有了这种自主性，培训效果自然就有了保障。

有学习的自主选择权，需要转变传统的培训方式。推动中小学教师从被动接受到主动选学、从消极应付到积极参与，根本上是教师培训方式的转型。传统的培训是我讲你听，而给教师以选择权，培训者需要建立研修主题与相关资源库，教师依据所需进行选择，完成课时学习及相关任务，使培训模式发生根本性的改变。培训模式的改变，也因为互联网技术的发展而成为可能。培训者需要在网上建立课程主题、任务及相关课程资源包，教师根据课程介绍，对课程包内的资源进行再次组合，以形成自己的培训课程。有学习的自主选择权，是解决传统教师培训所存在的问题的良方。

有学习的自主选择权，要加强任务驱动。为保证教师学习的有效性，培训者不仅要提供学习资源，还要为每个主题的学习资源给出目标及任务单，目标要细化，使其可操作、可实现、可检测。教师基于目标及任务，选择了相关学习内容后，要提交学习成果，促进其"基于证据的学习"，确保培训成效。最后，还要对评价进行设计。评价是教师培训的重要一环，评价的形式也要根据具体的培训需要和培训状况进行设计，可采取成果展示、撰写学习心得、完成研修报告或教学设计等多种形式。

二、从发展教师到发展学校

教师发展与学校发展是相辅相成、密不可分的，它们之间既有同一性，又有差异性。

（一）发展教师和发展学校的一致性

学校开展校本研修活动，为的是教师的长足发展。其最终目的就是通过教师的专业成长，带动与促进学校发展。教师的专业发展可以有效提升教师的自我满足感和成就感，教师对自我专业成长发展的肯定和认可也会营造积极向上的学校氛围，这样的学校氛围又会反过来促进教师专业成长。

因此，在传统的校本研修中，学校对于教师专业成长的作用，主要是为教师的成长提供组织性支撑。

（二）发展教师与发展学校存在着差异性

发展学校的主体是校长。作为学校管理者，站在学校发展的角度，不断破解学校问题是其首要任务，发展教师是学校诸多问题中的关键问题之一。相比而言，学校问题的破解需要全校教师的共同努力，且这一点更为重要。因此，未来的校本研修，将会综合考量学校发展与教师发展的关系，学校在梳理发展中遇到的问题时，积极组织教师围绕学校发展中遇到的问题，深入开展校本研修，以促进学校发展。或者是两者并存，学交找出发展中的问题，教师也依据自身问题，进行专业发展选择，两者对接并相互融入，朝向一致、二力合一，在学校的发展进程中，教师成为主力军，教师在为学校发展而努力的过程中也发展了自己，最终实现学校与教师发展的同频、双赢。

三、从外部控制走向自我导向

传统的学校管理主要采用外控式管理模式。外控式管理是一种"自上而下"垂直的、集权化的管理模式。在这种管理模式下教育行政机构拥有学校常规管理的权力，并对教育、教学等方面的决策承担最终的责任[①]。外控式的管理是一种外在的、行政性的活动，更多注重对管理对象的外在推动，而教师的可持续发展思想对学校外控式管理提出了挑战。

---

① 胡惠闵. 校本管理［M］. 成都：四川教育出版社，2005：8-10.

教师专业素质的提高，最终是一种非常自我的、内在的、个体的事情，一切外在推动的结果如何，最终都要在教师那里得到验证。教师专业发展本来就是非常自我的事情，满足教师工作中的实际需求，教师才有可能自觉地接受关于教师专业发展的要求和规范，才会将其转化为自身的一种自觉行为。换言之，教师专业发展变化的核心是教师专业自我改变。只有基于自我导向的本位的教师专业发展才有可能是有效的。因此，所有的教师专业发展模式都要回归教师的内在需求，教师的专业成长，以其生活经验、学习经验为基础，与其丰富的生活世界和缤纷的精神家园密切相关。

与此观点相近的是美国学者 Gaible 和 Burns。他们曾经在回望美国教师专业发展历程的基础上，提出了三种本位（标准本位、学校本位和自我导向本位）的教师专业发展模式，并对前两种提出了质疑和批判。他们指出，标准本位和学校本位的教师专业发展模式只关注和补偿教师专业发展需要的某些方面，或者漫无目的地开设有利于实现教师专业发展的活动，教师和教育者在这种模式下一直处于"被动防守"的地位，难以及时而有效地提供有利于实现教师专业发展的实际需求，因此，有效的教师专业发展也就成了空谈①。

自我导向的教师专业发展，要契合教师教育领域所倡导的教师学习的三大定律，即越是扎根于教师内在需要越是有效，越是扎根于教师鲜活经验越是有效，越是扎根于教师的实践反思越是有效。② 因此，有效教师专业成长的前提应该聚焦于教师内在发展需求和日常生活，立足于改善教师的教学实践。这也是"以人为本"理念的诠释。

四、从全员培训走向分层教学

教师成长的实质是教学专长的形成和发展，在这一过程中，从新手教师到熟手教师的变化主要表现为常规水平的胜任教学。③ 基于对不同发展阶段教师成长心理历程的认知及生态取向的教师学习的启动，连榕、肖正德提出教师教育应为不同发展阶段、不同专业发展需要的教师设计不同的学习内容，

---

①　Gaible E，Burns M. Using Technology to Train Teachers［EB/OL］. http：//www. infodev. org/en/publication. 13. html. 2005.

②　钟启泉. 教师研修的挑战［N］. 光明日报，2013-5-22（16）.

③　连榕. 教师教学专长发展的心理历程［J］. 教育研究，2008（02）.

提供不同的学习支持，使各层面、各层级的教师都能依据其所需要，基于自身有所发展。

分层分类培训有利于提高教师培训的针对性和有效性，充分体现教师培训的自主选择权，有效促进教师培训机构之间的竞争与合作，实现教师发展培训制度变革，提高教师教育质量。分层前可采用调查研究法，了解教师需求，寻找培训项目实施与设计存在的差距等问题，提高培训者专业水平，科学指导教师选课，丰富培训模式，强化培训管理。

分层教学不仅是指教师个体差别的分层，还指基于不同研修主题的分层，即以照顾教师个别化需要，在自主选学的前提下，自动结合志同道合的研究圈子，共商面临问题，共享研究成果，形成"专业学习共同体"。"专业学习共同体"是指教师基于共同的目标，形成的一个支持性的自我创设的共同体。专业学习共同体，使学校真正成为一个兴盛的学习社区。郝德及许多学者认为，专业学习共同体包括以下五个特征：[①] 一是支持与共享的领导，校长具有辅助同事工作、让同事相互协作发展所长的作用；二是共同的价值观和愿景，共同的愿景来自教师对学生学习矢志不渝的责任；三是协作学习以及应用，教师组成团队或小组，共同学习，探讨促进学生成长的教学策略，并将所学运用于教学实践；四是支持性条件，其决定教师何时、何地、如何聚集在一起以团队的形式开展学习、进行决策、解决问题及创造性地工作；五是共享的个人实践，教师共同计划课程，相互观摩上课并给予反馈，探讨改进教学的行动计划。因为研究主题而分层，使教师和管理者的学习与体验更加复杂、深刻、富有成效。

专业的学习共同体，其运行的保障主要有三点：一是共同目标构建策略，让不同层级的教师都能在原有基础上有所提升，二是技术平台支持，构建虚拟的学习社会，实现同级互助、异级互补，让省市区名师发挥引领作用，带动初、中级教师不断成长；三是共享资源创建策略，做到资源共享、合作互助、取长补短。

---

① Hord，SM. Learning together，Leading together：Changing Schools Through Professional Learning Communities. USA：Theachers College Press & National Staff Development Council，2004：45.

因材施教、分层培训，本身就是一个非常复杂的系统，信息技术的发展，跨越学校围墙的禁锢，设计更加灵活，为分层培训提供可能。值得注意的是：初级教师缺少实践指导，中高级教师有丰富的实践经验；初级教师接受和应变能力强，而中高级教师缺乏创新。因此，分层不能僵化，否则不同层级教师间的互补就无法实现。

五、从总结性评价走向过程性评估

过程性评估，即在研修过程中，了解动态过程的效果，及时反馈信息，及时调节，使既定的计划、方案不断完善，以便顺利达到预期的目的而进行的过程性评价。

教师专业成长的发展趋势，不只看重新教师是否达标，而且越来越关注教师在整个继续教育中的表现，过程更能说明问题。在教师专业成长的过程中，培训者及时介入，帮助其诊断问题并及时干预、改进，以使教师成长的每一步都有实效。

过程性评估的方式具有多样性，可以用观察、交流、测验、实操、互评等多种方式，不仅要评价教师对研修内容的掌握，而且要对其合作精神、学习意志等多方面进行考评。

对于新教师培训，国外更加注重过程性评估。在英国，政府建议学校每学期对新教师做出评估，并及时告知其评估结果，对于那些进展不尽如人意的新教师，学校须即刻指明改进之处，并给予特别的监督和辅助。在美国，已有至少16个州制定了新教师形成性评价政策。加拿大安大略省也规定，新教师在入职教育的第一年需要经历两次评估，根据评估结果，那些需要进一步改进的新教师还会得到第三甚至更多次的持续性评估。[①]

信息技术的发展，使教师研修过程的评估更加便捷、准确，教师学习的时长、浏览的资源、发表的观点等，都自动记录并形成相关评价。过程性评价是一个动态多元的，而不是一个僵化单一的评价方式，因此，即使在实施的过程中，学校和教师仍然可以根据变化的情况及时修正评价方案。

新时代对人才培养提出了更高的要求，对教师也提出了更高的要求，要

---

① 丁笑炳. 从课堂生存到专业发展：国外中小学新教师入职教育发展趋势［J］. 教育科学，2017（6）：92-93.

求教师以学生为主体，为学生逐步呈现多元化的创新课堂，这就需要教师有扎实的教育理论基础和丰富的教育实践经验。学生的发展需要教师进行校本研修，教师的发展需要教师进行校本研修，学校的发展需要教师进行校本研修，校本研修已成为教师专业发展的重要方式。面对变化的世界，作为教师，唯有不断学习、深入研修、自我更新，才能应对不确定的未来。

附　　录

附录 1：某校信息技术应用能力提升工程 2.0 整校推进实施工作方案

为落实《教育部关于实施全国中小学教师信息技术应用能力提升工程 2.0 的意见》文件精神，本学期学校将以信息技术提升工程 2.0 为核心，扎实推进学校信息化建设，以校本研修为载体，努力提高教师信息技术应用能力，用技术改变教与学的方式，为教师专业发展铺路，为学生的终身发展奠基，让每个人成为教育信息化 2.0 的参与者、实践者、推动者和创造者，实现现代化教育的办学宗旨。现制定方案如下：

一、指导思想

以信息技术应用能力提升工程 2.0 培训为抓手，以促进学生的发展为宗旨，提高信息技术应用能力，提高教师教育科研能力，促进教师专业化成长，以推动学校教育教学工作的可持续发展为指导思想。

二、研修目标

通过提升工程 2.0，建立一套完善的、适应时代发展的校本研修制度；构建一支信息技术应用能力强、学科教学好的学校信息化教学融合团队；打造一支信息技术应用能力强的教师队伍。

（一）通过研修学习，使教师形成信息技术应用自觉研修的习惯和能力，使改善和变革课堂教学的能力明显提升。

（二）通过学科教研活动，将信息技术融入教师日常工作的各环节，实现理论与实践的结合，增强教科研活动的实效性，使教师专业水平、科研水平全方位提高。

（三）通过设计与参与研修活动，提高教师信息技术应用水平，促进教师专业成长，促进学校发展。

三、研修主题

改进课堂、提高质量

四、研修重点

根据学校的发展实际，我校选择的研修环境为混合学习环境，围绕学校信息化教学发展目标，每名教师需要研修三个能力点。本年度重点提高教师信息化教学能力点如下：

省市区骨干教师：翻转课堂

其他教师：优化教学

A1. 技术支持的学情分析

A2. 演示文稿设计与制作

A7. 技术支持的总结提升

B2. 微课程的设计与制作

B8. 技术支持的测验与练习

B6. 技术支持的展示交流

C6. 应用数据分析模型

五、主要工作任务

1. 通过修改备课、上课以及听评课制度，促进教师信息技术应用常态化

教学校长要做好信息技术应用校本研修的指导、引领、监督、落实工作。教务主任要负起信息技术应用学习的组织安排责任，学科组集体组织活动。教务主任负责协调安排活动，此项工作作为学校考核教师的重要材料存档，教务处负责常规检查考核记载，学校校本研修领导小组在每学期末要集中进行考核评价。

2. 扎实开展提升工程 2.0 网络研修活动，做到边学边用

（1）健全研修工作经费保障机制，加大经费投入支持力度。

健全校本研修的经费保障机制，不断加大对校本研修的经费投入，确保校本研修的顺利进行，积极为全面推进信息技术应月校本研修工作创造条件。

（2）不断完善信息技术应用校本研修制度，充分发挥指导、评估、考核、表彰的激励作用。将校本研修的过程和绩效纳入全校领导与教师的工作考核、评比、评优的必要条件之一，并采取各种方式合理地实施奖励。

（3）学校鼓励教师转变课堂教学组织方式，提供必要的硬件条件支持，为信息技术应用创造条件。

通过开展线上学习，线下应用，形成边学边用、学为所用的研修氛围，做到真学习、真应用，落实年度研修关键词，促进学生学习方式的变革。

3．完成工程办关于提升工程 2.0 的研修要求

学校鼓励和支持教师参加上级部门组织的各项培训活动，不断提高教师的信息化教学水平。

六、研修措施

（一）建设培训团队

1．组建培训团队

学校以信息化教学规划为抓手，以学科教研为推进点，以破解学校学科教学中存在的问题为核心，按照"分级组建、分步实施、分层培训、分类推进"的策略，分层组建学科培训团队。组建由校长领衔，教学主任、信息技术骨干教师等 3—5 人构成的学校信息化管理团队。选拔信息技术应用能力突出的学科骨干教师、精英教师进入培训队伍，从而打造高水平的信息技术应用能力优秀团队。

2．开展校内研修

本年度将围绕"启发式教学，探究式教学"等关键词开展各项教学和研修活动，重点探索信息技术在各研修关键词落实中的应用。具体探索内容如下：

学校每月组织一次以名师工作室为载体的校本研修活动；每两周组织一次以学科为引领的团队论坛活动；每周组织各层次教师进行 2.0 能力应用汇报，确保学校 2.0 能力提升工程进阶式提升。

同时，学校结合教师信息技术水平不均衡，教师平均年龄较大等诸多因素，做到"五抓"，确定以微小的改变，促进全体教师信息技术应用能力提

升：一是抓好队伍；二是抓好培训；三是抓好引领；四是抓好交流；五是抓好提升。针对能力提升工程的团队成员开展专项培训，提升团队成员的指导能力，充分发挥示范引领作用。学校还将定期对团队成员进行考核、调整，不定期开展团队成员的研修和培训活动。以线上观课议误、线下课例研究为主要形式，引领学校教师主动学技术、善于用技术。

3. 创新培训形式

学校由信息部主任和骨干教师开展引领性培训，打造学校信息化教学创新团队。积极发掘学科教师在信息技术与教育教学融合创新方面的典型案例，汇聚信息技术与学科融合的教学创新案例，重点打造一批跨学科融合教学骨干教师，助推教师个人专业成长，推动信息化教育教学创新。通过创新培训，实现"三变革"：一是提高教师信息技术应用能力，推动课堂教学变革；二是提升能力工程培训，推动各项教育管理制度变革；三是加强信息应用培训，带动全校教师培训方式变革。

4. 推动课堂变革

学校鼓励教师应用网络学习空间、教师工作坊、研修社区等，提高应用信息技术进行学情分析、教学设计、学法指导和学业评价等的能力。以"321"的模式助推教师进行课堂教学创新，尝试多媒体环境、混合环境、智慧环境的同课异环境的创新课，至少选择两个不同学科进行同课异构。

七、组织保障

（一）成立领导小组

学校成立以校长为组长，分管教学副校长、教务处主任、信息主任、各学科教研组长为成员的能力提升工程 2.0 领导小组。

（二）职责分工

1. 学校教务处负责制定"提升工程 2.0"具体规划方案、具体操作、平台监测和考核验收工作。

2. 校长是"提升工程 2.0"实施第一责任人，成立以校长、副校长、教务处负责人、技术骨干和学科骨干为主要成员的管理团队，制定学校教育信息化发展规划和"提升工程 2.0"实施规划，建立健全机制、应用测评机制、校本考核机制。依据学校信息化发展规划，组织"名师引领、学科联动、团队互助、整体提升"的研修共同体，成立案例研讨专项团队、技术应用专项团队、教育教学融合创新智囊团，全面提高教师的教育教学水平。

（三）保障措施

1. 学校制定"提升工程2.0"考核测评方案，将教师能力提升工程的实施情况纳入教师常规量化考核中。

2. 依托吉林省教育资源公共服务平台，定期上传教学资源，学校依据教师上传的数据进行评估考核。

3. 学校管理团队共同制定校本应用考核制度及细则，建立成果导向多元评价机制，开展常态化跟踪监测，以评促用。

（四）资源建设

依托"吉林省教育资源公共服务平台"建立学校信息技术与学科融合课程资源库，分科、分学段建立集资源建设、课堂技术应用创新以及能力测评为一体的"提升工程2.0"实施体系。

附录2：某区中小学教师信息技术应用能力提升工程2.0实施方案

贯彻落实教育部《关于实施全国中小学教师信息技术应用能力提升工程2.0的意见》（教师〔2019〕1号）和《××省中小学教师信息技术应用能力提升工程2.0的实施意见》要求，结合我区生态教育改革实际，特制定此实施方案。

一、指导思想

全面贯彻落实《××省中小学教师信息技术应用能力提升工程2.0的实施意见》精神，坚持"以人为本，和谐共进"的生态教师队伍建设理念，遵循教育规律，以校为本、以评促用，推动信息技术与教育教学融合创新发展，实现区域教育优质均衡。

二、基本原则

1. 坚持统筹规划与因地制宜相结合。紧紧围绕国家、省、市的教育方针政策，立足区教育发展实际，将提升工程纳入区教育综合改革中系统性思考，全面做好提升工程的谋划和发展。

2. 坚持整体推进与分类施策相结合。在科学设计、合理统筹安排的基础上，结合学校、教师需求，分类、分层、分科培训，支持、推动信息化教育教学发展。

3. 坚持应用驱动与过程调控相结合。明确提升工程实施路径及环节，学、练、用、评一体，进行动态管理与过程调控，及时进行评价、反思与总结，推进教育信息化发展方式的深度变革。

4. 坚持目标引领与结果导向相结合。以示范校创建目标为先导，结合精准测评结果，引导教师从技术学习转向问题学习，赋予教师在学习目标、学习方式、学习资源的选择权，构建教师发展的开放空间。

三、项目规划依据与问题呈现

（一）项目规划依据

通过对全区各学校的信息技术应用环境分析，我们确定提升工程 2.0 研修中，13 所学校属于多媒体教学环境，20 所学校属于混合教学环境，9 所学校属于智慧教学环境。具体分析如下：

（1）网络情况

①宽带超过 100 M（23 所）；宽带 100 M（17 所）；宽带 50 M（2 所）；

②全体学校有 Wi-Fi 覆盖。

（2）硬件配备情况

①多媒体教室：超过 2 个（18 所）；有 2 个（9 所）；有 1 个（15 所）；

②电子白板（多媒体教学设备）：配备班级比例 100%；

③平板等终端：配备教室有 2 个以上（8 所）；配备教室有 2 个（9 所）；配备教室有 1 个（2 所）；没有相关配备（21 所）；

④VR 设备：装配 2 个以上教室（3 所）；装配 2 个教室（2 所）；装配 1 个（4 所）；

⑤3D 打印机：有 2 台以上 3D 打印机（6 所）；有 2 台 3D 打印机（8 所）；有 1 台 3D 打印机（9 所）；没有 3D 打印机（19 所）；

⑥创客实验室：超过 2 个的学校（3 所）；2 个的学校（3 所）；1 个的学校（16 所）；没有的学校（20 所）。

（3）软件平台

①办公管理平台：有（24 所）；准备配置（2 所）；没有（16 所）；

②教学平台：有（33 所）；准备配置（3 所）；没有（6 所）；

③教研平台：有（14 所）；准备配置（8 所）；没有（20 所）；

④资源平台：有（42 所）；准备配置（0 所）；没有（0 所）；

⑤阅卷平台：有（42 所）；准备配置（0 所）；没有（0 所）。

（4）教师办公电脑

人均配备 1 台办公电脑的学校（40 所）；人均配备 0.5 台办公电脑的学校（1 所）；人均配备小于 0.5 台办公电脑的学校（1 所）。

3．教师队伍情况

（1）年龄结构

①40 周岁以下教师占 50％ 以下的学校（32 所）；40 周岁以下教师占 50％ 以上的学校（8 所）；40 周岁以下教师占 30％ 以下的学校（17 所）。

②科学学科教师中 35 周岁以下占 30％ 以上的学校（5 所）；科学学科教师中 35 周岁以下占 30％ 以下的学校（40 所）。

（2）学历结构

达到本科学历的教师占 50％ 以上的学校（42 所）。

（二）问题分析

从以上的分析来看，我区信息化教学呈现如下特点：在环境方面，呈现出不均衡态势，学校之间软硬件环境差异比较大，信息技术应用环境设备更新缓慢，教学设备维修不及时，总体缺少专业的信息技术人员的支持；在管理者方面，多数校长、教研员观念陈旧，需要进行培训，多数校长事务性工作繁忙，没有时间，年龄老化，很多教研员信息技术应用能力比较差且没有认识到信息技术的重要性。经过第一周期的提升工程培训，我区有实施"提升工程 2.0"的基础，教师有一定的信息化教学能力，但是在教学理念、教学模式以及应用信息技术变革学生的学习方式方面存在一定的缺陷。

技术应用问题一：浅层应用，为用而用

信息技术与教学融合作为一种新型的教学形式，可以说是"看上去很美"，实际有效应用起来却很难。我们常常看到的只是在展示课和示范课上巧妙地应用，而在日常的教学中更多的只是简单操作。信息技术只是停留在展示层面的表演，而没能将其恰到好处地应用到日常的一切教学活动中去。"浅层应用，为用而用"是目前信息技术与课程融合最尴尬的局面。

技术应用问题二：追求技术，创新表演

很多教师把课程融合的着力点放在技术手段如何出新，在什么地方用，用多少次，好像用得少了就不是融合，用不出新招数就不够档次。这样不仅忽视了学科性，而且使技术本身的定位不准。我们在教学实际中看到教师把热情过多地落在具体技术手段上，而不是关注课堂问题的解决。

四、项目实施安排

（一）确定研修主题：探索新技术视域下的课堂新形态

1. 总体目标：

在省工程办的指导下，统筹规划、系统推进"提升工程 2.0"各项工作，通过四年的努力，探索"团队互助、学科联动、协同推进、整体提升"区域的信息化发展新机制，提高校长信息化领导能力、教师信息化教学能力、培训团队信息化指导能力，实现从信息技术的简单应用到技术支持的学与教深层次变革，全面促进信息技术与教育教学深度融合。

2. 行动目标：

（1）构建"线上选学＋线下实践＋测评助学"的混合式校本研修新方式。

（2）构建"以校为本、基于课堂、应用驱动、注重创新"的教师信息素养发展新模式。

（3）培养 8—10 名信息化应用名校长，30—50 名信息化教学名师，8—10 支信息化教学创新团队。

（4）提升校长、教师面向未来教育发展进行教育教学创新的能力。

（二）实施步骤：

为确保提升工程的顺利实施，按照多元互助合作理念与合作模式，设计三个实施阶段。

1. 准备与启动阶段（2019年6月—2020年3月）

充分酝酿，做好前期筹划准备，启动阶段重点落实六项工作任务。

一是规划设计。

调整工程领导小组，完善"提升工程2.0"的顶层设计，制定并下发"三案一标"，即规划实施方案、校本应用考核方案、"教师信息化教学测评助研修项目"实施方案以及整校推进效果考核指标。

二是组建团队，明确核心任务。区域拟组建三支团队：

（1）专家引领团队

由提升工程省级专家领衔组成区域专家引领团队，团队专家每人指导一个大学区。负责研制整校推进效果考核指标体系拟定、修改、完善、制定有利于信息技术教学应用的规章制度，确定基本信息技术应用能力点，把握工程调控进程，审核学校选学选测方式。

（2）培训指导团队

由教研员和信息技术应用能力突出的学科骨干教师组成，团队成员每人指导一所学校。负责设计与实施区域学科引领性研修活动、测评助学活动，定期深入学校指导校本研修和参与校本能力测评活动。

（3）测评考核团队

由专家引领团队和培训指导团队代表组成。参与整校推进效果的考核验收，负责对抽测教师进行综合评价。

三是校本研修。学校组建各类研修共同体，聚焦学校发展目标，线上进行微能力课程学习，线下应用相关教学设备和教学软件开展研课磨课、课例分析等岗位练功活动，进行线下实操与成果提交，人人参与教学练功与互测互评。提高教师应用信息技术进行学情分析、教学设计、学法指导和学业评价的能力。

四是能力测评。能力测评采取多元评价方式，教师依据学科教学特点或自身的岗位职责，借助平台工具，对信息化教学能力进行自我诊断或同伴互测。学校组建学科测评团队，在基本能力点的基础上进行情境化抽测、选测。区域按照（4：5：1）10％抽测，根据抽测情况确定测评助学主题。引导教师掌握在真实教育教学情境中应用信息技术解决问题的能力，精准定位，找准方向。

五是测评助学。以能力测评中存在的共性问题为突破口，由培训指导团队以观课议课、课例研究、信息化教学展示与分享等为主要形式组织助学研修，营造基于问题解决的信息技术应用氛围，激发教师的信息化教学热情。

六是校本应用考核。教师的微能力考核采用多元评价机制。学校的校本应用考核重点考量"两率三维"。两率即微能力测评的合格率及优秀率，三维即学校发展目标与微能力学习内容的匹配度、校本研修制度的实效性、与教育教学深度融合的常态机制。

2. 落实与提升阶段（2020 年 3 月—2021 年 12 月）

全面落实"提升工程"各项活动，及时跟踪任务、跟进情况，解决落实过程中出现的矛盾问题。

（1）多维联动，推进应用

一是组织联动。教育局、进修学校相关部室之间形成合力，明确职责，落实责任，实现信息技术应用工作的垂直式、网格化管理。

二是研训联动。以应用为导向，多层次、分类别开展助学研修活动；围绕学科课程标准，破解教育教学重难点问题；区域、大学区联动，组织"一师一技"、融合教学比赛、单项技能大赛、微能力展示等活动，营造利用信息技术解决教育教学难题的氛围。

三是考评联动。将信息技术应用能力作为骨干教师认定的硬性指标，激发教师提升信息技术应用能力的内生动力。

（2）人才培养，提供保障

建立培训团队专业发展机制。教育局下发组建信息技术应用团队相关文件，明确团队成员的责任、义务和权利，动态管理，政策倾斜。优先支持专家引领团队参加上级组织的培训，对专家提高培训质量、课题研究给予经费支持。培训指导团队组建学习共同体，每年组织域外考察研修，提升应用信息技术进行培训设计、管理和评价的能力。组织学校管理团队专项培训，提升"四力"（管理团队学校信息化发展规划能力，混合式校本研修设计与组织实施能力，指导全校教师开展信息化教学能力，校本应用考核能力）。

（3）培育典型，引领带动

一是提升工程第一周期遴选命名的"7所学校、8个团队、52名教师"典型继续在大学区层面推进信息化教育教学活动中发挥带动和辐射作用，结伴互助，缩小差距，共同提高。

二是区第二批19个名师工作室通过课题引领、课例分析、微创新研究等形式，营造交流与合作、开放与多元的信息化教学研究氛围，培养一批信息化教学核心力量，制作一批优秀课例和开发有利于教育教学的资源或工具。

三是46支学科研究团队在生态课堂实践基础上，依据信息化发展实际，探索不同类型的教学模式，培植和带动一批有研究热情的学科教师共同成长进步。

3. 总结与推广阶段（2022年1月—2022年6月）

对区"提升工程"进行全面总结与提升，取得相应课题研究成果、汇编内刊、陆续公开发表的论文等理论成果；形成百余篇案例、百余节优秀课堂教学课例、个性化的学科教学模式等实践成果；形成相对成熟的提升工程区域新模式和成功经验，在全省"提升工程2.0"推进中发挥作用。

五、保障措施

提升工程是一项系统工程，为确保各项工作顺利开展，需要从组织、经费、制度、机制等方面提供有力保障。

（一）组织保障

教育局成立工程领导小组，负责提升工程的统筹规划、决策部署。各职能部室明确职责分工，落实工作责任。学校成立相应组织机构，校长为信息技术应用能力培训第一责任人。形成自上而下、多方参与、协同推进的领导和组织机制。

（二）经费保障

对提升工程实施涉及的资源建设、师资培养、教育科研等进行全方位支持，充分保障学校教育教学改革等方面的自主权，为区信息化发展提供资金保障。

（三）制度保障

将"提升工程"列入年度重点工作综合考评范畴。与教师专业发展学校建设结合。建立健全会议机制、遴选机制、督导机制、激励机制，定期交流汇报、调控进程、督促落实、奖励优秀，确保提升工程扎实推进、取得实效。